从小学习经济学

董新兴 / 著

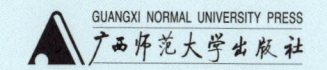

广西师范大学出版社

从小学习经济学
CONGXIAO XUEXI JINGJIXUE

图书在版编目（CIP）数据

从小学习经济学 / 董新兴著. —桂林：广西师范大学出版社，2019.8
　ISBN 978-7-5598-2062-4

Ⅰ. ①从… Ⅱ. ①董… Ⅲ. ①经济学－少儿读物 Ⅳ. ①F0-49

中国版本图书馆 CIP 数据核字（2019）第 166834 号

广西师范大学出版社出版发行

（广西桂林市五里店路 9 号　邮政编码：541004）

　网址：http://www.bbtpress.com

出版人：张艺兵
全国新华书店经销
长沙鸿发印务实业有限公司印刷
（湖南省长沙县黄花镇黄垅村黄花工业园 3 号　邮政编码：410137）
开本：720 mm×1 020 mm　1/16
印张：9　　　字数：100 千字
2019 年 8 月第 1 版　　2019 年 8 月第 1 次印刷
定价：39.00 元

如发现印装质量问题，影响阅读，请与出版社发行部门联系调换。

这是一部用爱写成的图书,我把它献给我的儿子和所有中国儿童。从小学点经济学,会让你们终生受益。

写给孩子的话

亲爱的小朋友，为什么要从小学习经济学呢？

首先我要告诉你们的是，学好了经济学，长大后你们可以当经济学家，就像你们长大后可以当科学家一样。经济学也是一门科学，一门社会科学，是唯一设立诺贝尔奖的社会科学，被称为"社会科学皇冠上的明珠"。学好了经济学，你们长大后可以从事经济学的研究和教学工作。

也许你们会问："我长大不想当经济学家，还有必要学习经济学吗？"

其实，即使你们长大不搞经济学专业，学点经济学对你们的学习、工作和生活也是大有好处的。这是因为，经济学可以训练人的思维，而这种科学的思维，会让你们加深对经济社会现象的认识，并提高你们的生存能力。

比如，我们常说，经济学是一门关于选择的学问，选择时要考虑机会成本的大小。而学会选择，对我们至关重要。

我们处在市场经济时代，经济现象繁纷复杂。从小学习经济学，可以让你们更好地认识经济现象，为长大后更好地参与经济活动做好准备。经济活动分为生产、流通、分配、消费四个领域。小朋友虽然不能大规模地参与生产、流通、分配领域的经济活动，但是每个小朋友都是消费者。经济学可以指导你们科学地消费，做聪明的消费者——消费的学问大着呢！

从小学习经济学，还可以让你们加深对社会现象的认识。社会现象也是繁纷复杂，经济学可以给你们提供一个科学的方法，让你们把社会现象"看个清清楚楚、明明白白、真真切切"。

从小学习经济学，可以培养你们的财商，提高你们的生存能力。财商是一种经济思维，是与财富直接相关的那种经济思维。我们常说，智商和情商很重要。其实，财商一样重要。智商和情商本身并不等于财富。要想把智商和情商转化成财富，就必须有财商。可以说，财商是把智商和情商转化为财富的"点金术"。

经济学思维和财商的培养绝不是一日之功，需要从小做起，特别是对当代衣食无忧的孩子来说，更有必要。所以我们要从小学习经济学。

经济学的理论庞杂而又难懂。那么，小朋友应该学什么？怎么学？

绝大多数发达国家对中小学生进行经济学教育，甚至美国的有些幼儿园也给孩子讲授经济学。他们是怎样做的呢？美国的经验值得学习。美国不仅制订了少年儿童经济学教学大纲，并且发明了通过讲故事给孩子讲授经济学的方法。

本书借鉴发达国家对少年儿童进行经济学教育的内容和方法，为小朋友创作了七个富含经济学概念的趣味故事，然后结合他们身边的事情，以他们能理解的语言，对故事中包含的经济学概念和知识进行讲解。书中的经济学概念，基本上涵盖了美国经济学教育委员会（NCEE）《讲授基本经济学概念大纲（K-12年级）》规定的幼儿园孩子和小学生学习的经济学概念。全书共七篇，每一篇都包含六个部分：（一）读故事——阅读富含经济学概念的原创趣味故事；（二）请回答——回顾和掌握故事中的要点，特别是与经济学有关的要点；（三）学经济——学习故事中包含的经济学概念和知识；（四）再回答——回顾和掌握经济学知识；（五）拓展——进一步扩展所学经济学知识；（六）概念释义——对本部分所学经济学概念进行通俗易懂的讲解。后面的五篇增加了另外一部分——做活动，布置了与所学经济学知识有关的社会实践活动。

根据专家的研究，小朋友上幼儿园以后就开始接触社会并参与社会活动，这时候就可以开始学习经济学知识了。对于本书，三年级以下的小朋友可以与爸爸妈妈一起阅读，四年级以上的小朋友可以独自阅读。

本书曾于2009年以"小书包里的经济学"为名出版过。现在的版本重新绘制了插图，在内容方面做了很多修改和补充，编排也更合理、更成体系。本书先从经济学的逻辑起点——人的欲望无限讲起，再进一步讲稀缺、选择、机会成本等概念，环环相扣，逻辑性更强，符合学习经济学的一般规律。

小朋友们，让我们从小学习经济学，做人生赢家！

2019年7月14日

目录 CONTENTS

1. 许愿树　　001
   ▶ 学习人的欲望、稀缺、激励等经济学概念和知识。

2. 聪聪漂流记　　021
   ▶ 学习选择、机会成本、权衡取舍等经济学概念和知识。

3. 新编三只小猪　　040
   ▶ 学习生产资源、自然资源、资本资源、人力资源、中间物品、物品、服务、生产者、消费者等经济学概念和知识。

4. 乐乐创业记   **061**

▶ 学习创业、企业、企业家、广告、生产成本、利润、风险等经济学概念和知识。

5. 绵羊雅克西   **077**

▶ 学习单件生产、批量生产、生产效率、专业化、劳动分工、交换、物物交换、相互依赖等经济学概念和知识。

6. 爸爸妈妈的工作   **094**

▶ 学习体力劳动、脑力劳动、体力劳动者、脑力劳动者、人力资本等经济学概念和知识。

7. 一条红丝巾   **112**

▶ 学习收入、市场、金钱（货币）、价格、储蓄、银行、利息等经济学概念和知识。

1. 许愿树

读故事

在很久很久以前的一个小山村里,有一个穷光棍,名字叫阿团。阿团种着一块贫瘠的土地,每年地里生产的粮食不够吃。他穿着破烂的衣服,住在一间破草房里。冬天的寒风吹来,冻得他瑟瑟发抖。他幻想着有一天能够过上幸福的生活。

一天晚上,阿团做了一个梦。梦中有个老神仙对他说:"村东头那棵老槐荫树是棵许愿树。每年你生日的那一天,只要你到那棵树下许个愿,并按照他说的去做,在未来的一年里你的愿望就会实现。"

早上醒来,他想起了晚上做的那个梦。他跑到村东头,看了看那棵老槐荫树,半信半疑地摇了摇头。

到了阿团生日的那一天,他想起了梦中老神仙对他说的话。他想:为什么不去老槐荫树底下许个愿,看看神仙的话是否灵验呢?于是他来到老槐荫树底下许了个愿。

他对槐荫树默默说道:"槐荫树,槐荫树,在新的一年里,让我的地里长出好庄稼,让我过上衣食无忧的生活吧!"这时,槐荫树突然开口说话了:"只要你努力工作,你会衣食无忧的!"

阿团大吃一惊,明白了梦中老神仙的话是真的。

许完愿后,阿团按照槐荫树的教导,努力工作。他

在自己的地里精耕细作，除草、浇水、施肥，样样都不马虎。到了秋天，他的地里获得了大丰收，生产的粮食堆成了小山。他留下一部分粮食做口粮和种子，其余的卖掉，换回了很多钱。他买了漂亮的衣服穿在身上，人立刻变得帅气和精神起来。他还盖了漂亮的新房子，住在里面冬暖夏凉，非常舒服。他过上了衣食无忧的生活。

他的第一个愿望实现了。

时间过得飞快，转眼间，又到了阿团过生日的时候。他再一次想起了老神仙的话。他跑到老槐荫树下又许了一个新的愿望。

他对槐荫树默默说道："槐荫树，槐荫树，在新的一年里，让我找一个漂亮的媳妇，让我快乐幸福吧！"

"只要你努力，你会娶上漂亮媳妇的！"槐荫树开口说道。

许完愿后,阿团努力工作。他的地里又一次获得了大丰收。他还想方设法寻找恋爱对象。功夫不负有心人。有一个漂亮的姑娘看上了他,并跟他结了婚。从此,他不再寂寞,过着幸福的生活。

他的第二个愿望实现了。

时间过得飞快,转眼间,又到了阿团过生日的时候。他跑到老槐荫树下又许了一个新的愿望。

他对槐荫树默默说道:"槐荫树,槐荫树,在新的一年里,让我当上村长,掌握全村的权力吧!"

"只要你努力,你会当上村长的!"槐荫树开口说道。

许完愿后,阿团努力工作。他还努力给村民谋福利,树立自己的威信,终于被村民们推举为村长。

他的第三个愿望实现了。

时间过得飞快,转眼间,又到了阿团过生日的时候。他跑到老槐荫树底下又许了一个新的愿望。

他对槐荫树默默说道:"槐荫树,槐荫树,在新的一年里,让我当上国王,掌握全国的权力吧!"

"只要你努力,你会当上国王的!"槐荫树开口说道。

许完愿后,阿团努力工作。他周游全国,到处演讲,宣传自己的政治主张。当时的国王年事已高。当知道阿团有宏图大略和治国才能后,国王决定把王位让给阿团。国王召他入宫,召集文武百官,举行了盛大的让位仪式,让他当了国王。

阿团的第四个愿望实现了。

当了国王以后,起初阿团还努力

工作，给老百姓做一些好事。后来，他慢慢地变了。他变得为所欲为、横行霸道。老百姓怨声载道，生活在水深火热之中。

时间过得飞快，转眼间，又到了阿团过生日的时候。他再一次想起了老神仙的话，想起了槐荫树。

他想：要是别人也到槐荫树下许愿，也想做国王怎么办？不如趁早把它砍了！于是，他派手下带领士兵，用斧头把老槐荫树砍倒了。

常言说："官逼民反。"在这一年里，全国老百姓揭竿而起，举行起义，推翻了他的残暴统治。他仓皇逃到一个山沟里，又穿上了破衣服，住进了破草房，还经常吃不饱饭。

阿团不得不又过起了贫困的生活。

请回答

1.阿团在槐荫树下许的第一个愿望是什么？后来实现了吗？（提示：他希望自己的地里长出好庄稼，让他过上衣食无忧的生活。后来实现了。）

2.阿团在槐荫树下许的第二个愿望是什么？后来实现了吗？（提示：他希望自己找一个漂亮的媳妇，让他快乐幸福。后来实现了。）

3.阿团在槐荫树下许的第三个愿望是什么？后来实现了吗？（提示：他希望自己当上村长，掌握全村的权力。后来实现了。）

4.阿团在槐荫树下许的第四个愿望是什么？后来实现了吗？（提示：他希望自己当上国王，掌握全国的权力。后来实现了。）

5.阿团在槐荫树下许了愿后,是否需要努力工作才能实现它?(提示:是,需要努力工作。)

6.阿团为什么最后又过起了贫困的生活?(提示:全国老百姓揭竿而起,举行起义,推翻了他的残暴统治。他仓皇逃到一个山沟里,又过起了贫困的生活。)

学经济

在这个故事中,阿团在槐荫树下许下了一个又一个愿望。他先是希望过上衣食无忧的生活,后来希望娶上漂亮的媳妇,再后来希望做村长,最后希望当国王。通过努力工作,他的这些愿望一个一个实现了。这说明人的欲望是无限的。人的欲望无限是指人的欲望不可能有完全满足的时候,人们一旦满足了一个欲望,就会有新的欲望产生。

人的欲望表现为人的需要。美国社会心理学家马斯洛认为,人的需要有五种:生理需要,安全需要,感情需要,尊重需要，自我实现需要。生理需要是维持人类生存最基本的需要，包括吃饭、喝水、穿衣、住宿等方面的需要；安全需要就是人们希望自身安全有保障、不受危险侵袭；感情需要是人们在友谊、爱情以及归属感方面的需要；尊重需要就是人们希望自己的能力和成就得到他人和社会的承认；实现需要是人们希望实现个人理想和抱负。以上五种需要从低到高按层次逐渐升级。

在这个故事中，阿团的需要也是由低级到高级不断发展的。他的第一个愿望（衣食无忧）属于生理需要，第二个愿望（娶媳妇）属于生理需要和感情需要，第三个愿望（当村长）和第四个愿望（当国王）属于尊重需要和自我实现需要。

人的欲望是无限的，而我们生产的物品和服务无论有多少，总是有限的，相对人的无限欲望来说永远是稀缺的。稀缺就是指我们没有足够的资源，来生产我们需要的全部物品和服务这样一种情形。

稀缺不是绝对的，而是相对的，是人们生产的物品和服务相对人的欲望来说的。人们生产的物品和服务相对人的欲望来说永远不够用。所以，稀缺是人类永恒的问题，伴随人类社会发展的始终。

物品和服务的稀缺，源于生产资源的稀缺，因为我们没有足够多的资源来生产我们需要的全部物品和服务。

稀缺是经济学非常重要的原理。如果世界上不存在稀缺问题，也就不会有经济学。经济学就是研究在资源稀缺的情况下如何配置资源才最有效率的学问。

对小朋友来说，了解稀缺这一基本原理是非常重要的。有调查显示，现在创业成功人士大多出身贫寒。这是为什么？这是因为贫寒子弟从小生活困难，天生懂得稀缺的道理。只有懂得了稀缺，我们才会懂得节约，长大后才会去创造更多的财富。可见，了解经济学的稀缺原理对衣食无忧的新一代小朋友来说是非常重要的。今天，小朋友们吃不愁、穿不愁，爸爸妈妈还给我们一些零花钱，但是我们一定不要忘记稀缺呀！请记住：爸爸妈妈的钱再多也会花完的。

欲望是人们创造财富的原动力。正是人们对物质财富和精神财富的不断追求，使得人们在满足个人欲望的同时，也促进了整个社会财富的增长。但是，人们在满足自己欲望的时候，不能损害其他人的利益。人的欲望必须受到道德和法律的限制，如果为了满足自己的欲望而不择手段，损人利己，就可能受到惩罚。在这个故事中，阿团做了国王以后,变得为所欲为,横行霸道,还砍掉了槐荫树,最后老百姓揭竿而起,把他赶到了山沟里。他又不得不过起了贫困的生活,受到了应有的惩罚。

这个故事还包含着关于激励的经济知识。激励就是鼓励人们做出好的选择的东西,分为正面激励和负面激励。在这个故事中,阿团努力工作,在自己的地里精耕细作,除草、浇水、施肥,样样都不马虎。他为什么这样做?因为槐荫树告诉他,这样做可以实现他的第一个愿望,过上衣食无忧的生活。如果做出某种事情可以得到好处和奖励,这种激励是正面激励;反之,如果做出某种事情就会受到惩罚,这种激励就是负面激励。例如,老板对雇员说:"你们如果不好好工作就会被解雇!"老板使用的这种激励就是负面激励。

再回答

1. 为什么会产生稀缺？（提示：是因为人的欲望是无限的，我们没有足够多的资源来生产出人们需要的全部物品和服务。）

2. 懂得了经济学的稀缺原理以后，你应该怎样对待财富？（提示：应该节约财富、创造财富，而不是浪费财富。）

3. 在满足自己欲望的时候，可以损害别人的利益吗？（提示：不可以。人的欲望必须受到道德和法律的制约。如果为了满足自己的欲望而损人利己，就可能会受到惩罚。）

4. 阿团努力工作，他的地里又一次获得了大丰收，他还努力寻找恋爱对象。他的这种行为受什么激励？是正面激励还是负面激励？（提示：受槐荫树说的话激励。槐荫树告诉他，他这么做可以娶上漂亮的媳妇。是正面激励。）

5. 阿团努力给村民谋福利，树立自己的威信。他这种行为受什么激励？是正面激励还是负面激励？（提示：受槐荫树说的话激励。槐荫树告诉他，他这么做可以当上村长。是正面激励。）

6. 阿团周游全国，到处演讲，宣传自己的政治主张。他的这种行为受什么激励？是正面激励还是负面激励？（提示：受槐荫树说的话激励。槐荫树告诉他，他这么做可以当上国王。是正面激励。）

7. 老师和家长经常采用哪些激励措施来促使你做出好的选择？这些激励属于正面激励还是负面激励？这些激励措施有用吗？（提示：每个人的答案不同。）

8. 说出以下激励是正面激励还是负面激励。

（1）妈妈说："你打扫完房子就可以出去玩。"

（提示：正面激励。）

（2）老师说："不穿运动鞋就不允许上体育课。"

（提示：负面激励。）

（3）爸爸说："通过了考试我带你去海边旅游。"

（提示：正面激励。）

（4）妈妈说："不做完作业不能休息。"

（提示：负面激励。）

拓 展

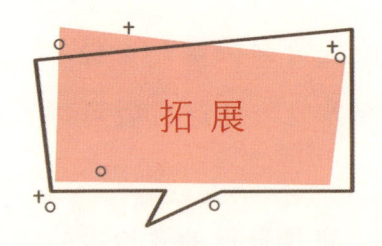

俄国作家普希金的《渔夫和金鱼的故事》是小朋友们比较熟悉的童话故事。你知道吗？这个故事也说明了人的欲望无限和稀缺的经济学原理。

下面先看这个故事：

从前，离海不远的地方住着一对老夫妇。老头儿每天到海边撒网打鱼，老太婆每天在家纺纱织布。他们住在一间小木棚里，过着贫穷的生活。

一天，老头儿跟往常一样到海边打鱼。他第一次撒下网，拉上来的是一网水草。他第二次撒下网，拉上来的是一网石头。他第三次撒下网，拉上网来一看，里面只有一条金鱼。这可不是一条普通的金鱼，而是一条会说话的金鱼。那金鱼苦苦哀求："老爹爹，求求你，你把我放回大海吧！我可以报答你，你要什么都可以。"

老头儿大吃一惊，也有点害怕。他打鱼三十又三年，从来没有听说金鱼会说话。他对金鱼说:"我不要你的东西,你回到大海中去吧!"

金鱼千恩万谢,对老头儿说道:"以后有需要我帮忙的,你就到大海边说:'金鱼,金鱼,快过来!'我就会过来帮助你。"说完,金鱼就游回了大海。

老头儿回家跟老太婆说了金鱼的事。老太婆勃然大怒,骂道:"你这个傻瓜,为什么不要金鱼的东西!你就算要只新木盆也好,我们的那只已经破得不像样。去,到金鱼那里要只新木盆来!"说完,就将老头儿推到了门外。

老头儿来到蔚蓝的大海边,开始呼唤金鱼:"金鱼,金鱼,快过来!"金鱼向他游过来,问道:"你要什么呀,老爹爹?"老头儿向他行了个礼,说:"金鱼啊,求你做件好事吧!回家后,老太婆把我大骂,不让我这个老头儿安静。她想要只新木盆,我们那只已经破得不像样。"

"你用不着难过。回去吧,她会有新木盆的!"金鱼说。

老头儿回家一看,家里果然有了一只新木盆。不想,这次老太婆骂得更凶了:"你这个蠢货!我说要只木盆,你就要只木盆!再到金鱼那里去,向他要座木房子!"

老头儿来到蔚蓝的大海边，开始呼唤金鱼："金鱼，金鱼，快过来！"金鱼向他游过来，问道："你要什么呀，老爹爹？"老头儿向他行了个礼，说："金鱼啊，求你再做件好事吧！回家后，老太婆把我骂得更厉害，不让我这个老头儿安静。这次她想要座木房子。"

"你用不着难过。回去吧，她会有木房子的！"金鱼说。

老头儿回到家中一看，原来的小木棚已经消失得无影无踪，一座漂亮的木房子出现在他眼前，老太婆正坐在明亮的窗前。见老头进来，老太婆指着他又骂起来了："真是个愚蠢的家伙！为什么只要木房子？滚回金鱼那里去，告诉他，我不想再做平凡的农妇，我要做贵妇人！"

老头儿来到蔚蓝的大海边，开始呼唤金鱼："金鱼，金鱼，快过来！"金鱼向他游过来，问道："你要什么呀，老爹爹？"老头儿向他行了个礼，说："金鱼啊，求你再做件好事吧！回家后，老太婆又骂了我一通，不让我这个老头儿安静。她不想再做平凡的农妇，她想做贵妇人。"

"你用不着难过。回去吧，她会做贵妇人的！"金鱼说。

老头儿回到家中，发现木房子已经变成了一座大城堡，老太婆变成了贵妇人。她穿着华丽的服饰，正指挥着仆人干活。

老头儿向前问道:"尊贵的夫人,你现在该满足了吧?"没想到,老太婆又狠狠地骂了他一顿,然后派他去打扫马厩去了。

过了几天,老太婆又发起脾气来,指着老头骂道:"滚到金鱼那里去!告诉他,我不想做贵妇人了,我想做自由自在的女王。"

老头儿听后吓了一跳,劝道:"你疯了?你能治理好国家吗?"老太婆气冲冲一个耳光打过来,骂道:"你吃了豹子胆,竟然敢跟我顶嘴!快去告诉金鱼,让我做女王!"

老头儿只好硬着头皮去见金鱼。他来到蔚蓝的大海边,开始呼唤金鱼:"金鱼,金鱼,快过来!"金鱼向他游过来,问道:"你要什么呀,老爹爹?"老头儿向他行了个礼,说:"金鱼啊,求你再做件好事吧!最近老太婆又跟我大吵,不让我这个老头儿安静。她不想再做贵妇人,她想做自由自在的女王。"

"你用不着难过。回去吧,她会做女王的!"金鱼说。

老头儿回到家中,发现大城堡变成了金碧辉煌的宫殿,老太婆变成了威严的女王,一大群文武百官和贵族侍奉着她,威严的士兵排列成队护卫着她。老头儿一看,吓了一跳，赶紧跪下行礼，哆哆嗦嗦地说："女王陛下，这回你该满足了吧？"老太婆哼了一声，大手一挥，让一群卫兵将他赶了出去。

过了一段时间，老太婆厌倦了做女王。她吩咐卫兵将老头儿找回来，带到她面前，骂道："滚回金鱼那儿去！告诉他，我不想再做女王了。我想做海上的女霸王，这样我就可以生活在海洋上，让金鱼来伺候我，听我使唤。"说完，她不由分说，就让卫兵将老头儿押到了海边。

老头儿站在蔚蓝的海边，只好呼唤金鱼："金鱼，金鱼，快过来！"金鱼向他游过来，问道："你要什么呀，老爹爹？"老头儿向他行了个礼，说："金鱼啊，求你再做件好事吧！我那该死的老太婆又对我大发脾气。她不想再做女王了，她要做海上的女霸王，让你亲自去伺候她，听她使唤。"

金鱼听了老头儿的话，什么也没有说，摇了摇尾巴，游回了蔚蓝的大海。老头儿在海边等了一会儿，不见金鱼回来，就走回家去。

老头儿回到家中一看，金碧辉煌的宫殿变成了原来的小木棚，老太婆正坐在木棚里纺线，摆在她面前的，还是那只破木盆。

在这个故事中，老太婆要了木盆又要房子，要了房子又想做贵妇人，做了贵妇人又想做女王，做了女王又想做女霸王，说明人的欲望是无限的。人的欲望不可能有完全满足的时候，人们一旦满足了一个欲望，就会产生新的欲望。而人类生产的物品和提供的服务无论有多少，总是有限的，相对人的无限欲望来说永远是稀缺的。稀缺是指我们没有足够的资源，来生产我们需要的全部物品和服务这样一种情况。物品和服务的稀缺，源于生产资源的稀缺。经济学就是研究在稀缺的条件下如何配置资源来提高效率的学问。

　　这个故事还说明了，人的欲望必须受到法律和道德的约束，人们在满足自己欲望的时候不能损害他人的利益。老太婆要做海上的女霸王，让金鱼来伺候她，听她使唤，是一种损人利己的行为。金鱼收回了送给她的所有东西，让老太婆受到了惩罚。

概念释义

人的欲望：人的各种需要。人的欲望是无限的，意思是人在满足了一个欲望以后，又会产生新的欲望。

稀缺：人们没有足够多的物品和服务，来满足人们的全部需要的情形。人的欲望是无限的，人们生产的物品和服务相对人的欲望来说永远是不够用的。所以，稀缺是人类永恒的问题，它伴随人类社会发展的始终。物品和服务的稀缺，源于资源的稀缺，因为我们没有足够多的资源来生产我们需要的所有物品和服务。

激励：鼓励人们做出好的选择的东西。激励分为正面激励和负面激励。如果完成一件事情能得到好处和奖励，这样的激励属于正面激励；反之，如果做出某种事情会受到惩罚，这样的激励属于负面激励。

2. 聪聪漂流记

读故事

有一条可爱的小鳄鱼，名字叫聪聪。聪聪天生喜欢冒险。他决定漂流中国的第一大河——长江，看看长江两岸奇异的风光，体验漂流的乐趣。

他开始为漂流做准备。他做了一个很结实的橡皮筏，买了很多食物，带着它们来到了长江的源头——沱沱河。沱沱河位于青藏高原唐古拉山脉主

峰各拉丹东雪山的西南侧，是由雪山上的冰川融化形成的溪流。

沱沱河水浅河宽，河中央还有不少小沙洲。聪聪把橡皮筏放进河里，用木桨掌握方向，顺着河水漂流而下。

过了沱沱河，就是通天河。通天河上游水势平稳。但是到了下游，通天河流淌在峡谷中，水流越来越急。

过了通天河是金沙江。金沙江更是水急浪大。聪聪牢牢掌握方向，绕过险滩，穿过巨浪，终于顺利漂流过去。

过了金沙江，长江流进了四川盆地。这里地势比较平坦，水流也平稳多了。漂着漂着，聪聪发现长江岸边有人在争论着什么事情，于是停下橡皮筏上了岸。

原来，四川盆地人多地少，许多人毁林造田，破坏了生态环境。因此，政府工作人员建议对这些土地退耕还林，在这些土地里重新种上树木，恢复生态。但是一部分村民对这件事想不通，他们担心退耕还林以后生产的粮食不够吃，于是坚持继续在地里种庄稼。双方发生了争执。

大家都知道聪聪是个智多星，于是纷纷请他谈谈看法。

聪聪让双方谈了各自的理由，然后说："长江上游人们对森林的乱砍滥伐，过度耕种，造成严重的水土流失和气候恶化，破坏了生态环境，还经常造成长江中下游地区洪水泛滥。"

听了这些话，那些反对退耕还林的村民情绪缓和了下来。聪聪接着说："尽管退耕还林后生产的粮食会减少，但是，如果现在退耕还林，你们能从政府那里得到一些补偿，还可以在地里种上果树，比如橘子树、梨树等，卖了水果也可以买粮食。所以，退耕还林既能保护生态环境，又能增加你们的收入，是利国利民的好事。"

村民完全被聪聪说服了，决定同意退耕还林。

说服了村民后，聪聪继续沿江向东漂流。过了重庆的白帝城，就进入了长江三峡。三峡山高水急，两岸风光秀丽。聪聪稳稳地驾驶着橡皮筏，顺利漂过了三峡。

过了湖北的宜昌，就进入了长江中游。这里江面宽阔，河道曲折，湖泊密布。聪聪划着橡皮筏，来到了江边一个湖泊。湖泊岸边有很多人聚集在一起，好像在讨论着什么事情。

原来，这个地方人多地少，人们并不富裕。有人想围湖造田，也就是把湖围起一部分，把水抽干，在湖底开辟出新的耕地。另一部分人反对围湖造田。他们认为围湖造田破坏生态环境，得不偿失。双方争执不下，纷纷请聪聪拿主意。

聪聪听了双方的意见，对他们说："湖泊有调节地表水的作用。围湖造田会使湖泊面积减少，湖泊调节地表水的作用降低，造成旱涝灾害。最近几十年的围湖造田，使长江中下游地区的自然灾害越来越多。另外，围湖造田还会使湖里的鱼类减少，破坏湖区生态。"说到这里，有很多人点头称是，表示同意聪聪的看法。

"围湖造田不能使你们

走上富裕道路——从长远看,围湖造田对你们发展经济是不利的。其实,你们完全可以充分利用湖泊,在湖里打鱼捕虾,养鸭种藕,弥补耕地的不足。"聪聪接着说。

大家觉得聪聪的建议有道理,就决定不再围湖造田。

聪聪继续沿江漂流。

过了江西省的湖口,就是长江的下游了。长江下游地势低,湖泊多,支流少。聪聪驾驶着橡皮筏,漂到了岸边的一个小镇。他发现一些人围在一起,好像在讨论什么重要的事情。

聪聪上岸一看,原来镇上有个小湖,有人想把小湖建成水上游乐场,搞摩托艇、快艇、电动船等游乐项目,既可以锻炼身体,又可以赚钱。而这里的渔民认为,摩托艇会使湖里的一些鱼吓跑,严重妨碍捕鱼。他们坚决反对在湖里搞游乐项目。

听了双方的意见,聪聪对大家说:"在湖里搞摩托艇、快艇、电动船等游乐项目,不仅影响渔民捕鱼,而且会产生噪音、垃圾等污染,破坏自然环境。我建议,不要把小湖建成游乐场。"

那些想建游乐场的人听聪聪说得有理,就放弃了自己的想法。

聪聪驾驶着自己的橡皮筏,不久就到达了入海口。看到一个美丽的海滩,聪聪上了岸。

这里海风习习,阳光灿烂,非常凉爽。孩子们在尽情地嬉戏玩耍,有的在捡贝壳。可是这里的大人看上去却很严肃,好像在讨论着一件重要的事情。

原来,离海不远的地方有一块空地,一部分人主张在那里建一座公园,种上花草树木,

建上秋千滑梯，供大家游乐；另外一部分人主张在那里建造房子，改善居民的居住条件。见聪聪来到，双方都想听听聪聪的意见。

聪聪说："建公园和建房子都很重要，但是建房子似乎更重要些。现在有一些人住的房子很小，他们迫切需要大一些的房子。"大家觉得聪聪说得有道理，于是就不再争论，一致同意在那块土地上建房子。

聪聪的这次漂流，非常圆满成功。他不仅达到了漂流的目的，而且帮长江沿岸人民出了很多主意，化解了很多争端。他心里高兴极了。

1. 四川盆地的人在争论什么？聪聪的建议是选择什么？（提示：四川盆地政府工作人员主张退耕还林，部分村民坚持继续在土地上种庄稼，双方为此发生了争执。聪聪建议他们选择退耕还林。）

2. 长江中游湖泊岸边的人在争论什么？聪聪的建议

是选择什么？（提示：长江中游湖泊岸边有人主张围湖造田，有人反对围湖造田，双方为此发生争论。聪聪建议他们选择不要围湖造田。）

3.长江下游小镇上的人在争论什么？聪聪的建议是选择什么？（提示：长江下游小镇上有人想把小湖建成水上游乐场，有人反对把小湖建成游乐场，双方为此发生争论。聪聪建议他们选择不要把小湖建成水上游乐场。）

4.海滩上的人在争论什么？聪聪的建议是选择什么？（提示：海滩上有人主张在空地上建公园，有人主张在空地上建造房屋，双方为此发生了争论。聪聪建议他们选择建造房屋。）

学经济

这个故事里不仅有很多地理知识，而且还包含着很多经济知识呢！

四川盆地政府工作人员主张退耕还林，即把原来种粮食的土地改为种树，另一部分人反对，双方发生争执。争执之所以发生，是因为土地资源是稀缺的——土地只有那么多，用来种树就不能用来种粮食，用来种粮食就不能用来种树。

稀缺是经济学的一个基本原理。所谓稀缺，指的是人们没有足够多的物品和服务，来满足人们的全部需要这样一种情形。人们的各种需要被称为欲望。人的欲望是无限的，人的一个欲望得到满足以后，就会产生新的欲望。人们生产的物品和服务相对人的欲望来说永远不够用。所以，稀缺是人类永恒的问题，它伴随人类社会发展的始终。

物品和服务的稀缺，源于资源的稀缺，因为我们没有足够多的资源来生产我们需要的所有物品和服务。在这个故事中，土地就是一种稀缺资源——四川盆地的人没有足够多的土地既能满足一部分人种树的需要，又能满足另外一部分人种粮食的需要。

在资源稀缺的情况下，我们使用某些资源生产某种物品或者服务时，必须放弃使用这些资源生产其他物品或者服务，这就是选择。

在这个故事里，面对稀缺的土地资源，四川盆地一部分人想在土地上种粮食，另一部分人则想在土地上种树。两部分人的选择不同，于是发生争论。聪聪认为保护环境和改善气候更重要，提出了自己的建议，那就是选择退耕还林。

在资源稀缺的条件下，你选择这个选项就必须放弃别的选项。在你放弃的所有选项里你认为价值最大或者你认为最可惜的那个选项，叫机会成本。在这个故事里，四川盆地的农民听了聪聪的建议，决定退耕还林，不再种粮食，那么，选择退耕还林的机会成本就是种粮食。

在现实生活中很少选择是轻而易举就能做出的。人们一般都要对各个选项进行反复比较，从中选优，然后才能做出决定。例如，你很喜欢打篮球，但是经过反复比较，你认为踢足球能给你带来更多快乐，于是你选择了踢足球。这个反复比较的过程叫权衡取舍。这种比较，既是对收益的比较，也是对机会成本的比较。我们应该选择收益大、机会成本小的选项——这样的选择才是聪明的选择或者理性的选择。如果我们选择了收益小、机会成本大的选项，这样的选择就是愚蠢的选择或者非理性的选择。

稀缺、选择和机会成本问题，在我们的生活、学习和工作中经常见到。我们每时每刻都处在选择之中。例如，看到电视上眼花缭乱的广告，小朋友们可能觉得什么都好，什么都想买。但是，你们手里的钱不够多，爸爸妈妈的钱也是有限的——这就是稀缺。钱不够多，就不能什么都买，你要买这种东西，就必须放弃买那种东西——这就是选择。你放弃买的那种东西就是你的机会成本。

选择和机会成本的经济学原理告诉我们要节约时间，不要浪费时间。时间对每个人来说都是有限的，是我们宝贵的资源。在日常学习和生活中，我们要珍惜时间，选择收益大、机会成本小的事情来做。如果你浪费时间，那么你的收益为零，你的机会成本很大，这是愚蠢的选择。

对一个成年人来说，选择的优与劣、聪明与愚蠢、理性与非理性常常只能由本人来判断。每个人的需要和偏好不同（偏好不同也就是价值观不同），对利弊得失和轻重缓急的判断不同，经过权衡取舍，不同的人可能会有不同的选择。所以人们在选择时常常没有标准答案。面对长江两岸人们的这些争论，你完全可以做出不同于聪聪的选择。

还需要说明的是，只有人们在选择的时候才会产生机会成本。当你你没有选择或者无法选择时，你没有放弃什么东西，也就谈不上有机会成本。比如，我们出生的家庭（爸爸妈妈）是我们无法选择的，在这件事上我们没有机会成本，所以我们不能为出生在某个家庭而后悔或者抱怨。

再回答

1.长江中游围湖造田的人和反对围湖造田的人的争执，是由稀缺引起的吗？聪聪建议如何选择？这个选择的机会成本是什么？（提示：是由稀缺引起的。湖水这种资源是稀缺的——人们没有足够多的湖水让人们既能围湖造田，又能保护好生态。聪聪给出的选择是放弃围湖造田。选择放弃围湖造田的机会成本是围湖造田。）

2.长江下游主张在湖上建游乐场的人和主张在湖里捕鱼的人的争执，是由稀缺引起的吗？聪聪给出了什么选择？这个选择的机会成本是什么？（提示：是由稀缺引起的。湖泊这种资源是稀缺的——人们没有足够多的湖泊，让人们既能用于建游乐场，又能用于捕鱼。聪聪给出的选择是放弃建游乐场。选择放弃建游乐场的机会成本是建游乐场。）

3.海滩上主张在空地上建公园的人和主张建房子的人的争执，是由稀缺引起的吗？聪聪给出了什么选择？这个选择的机会成本是什么？（提示：是由稀缺引起的。空地这种资源是稀缺的——人们没有足够多的空地，让人们既能建公园，又能建住房。聪聪给出的选择是在空地上建住房。选择建住房的机会成本是建公园。）

4.如果你遇到故事中聪聪的问题，你如何选择？你为什么这样选择？（提示：你可以有与聪聪不同的选择，同时要说明理由。）

5.《孟子·告子上》中有段话："鱼，我所欲也；熊掌，亦我所欲也。二者不可得兼，舍鱼而取熊掌者也。"这就是"鱼和熊掌不可兼得"的说法。翻译成现代白话文就是："鱼，是我想要的；熊掌，也是我想要的。这两种东西不能同时得到的话，我会放弃鱼而选择熊掌。"请问选择熊掌的机会成本是什么？如果选择了鱼，机会成本又是什么？（提示：选择熊掌的机会成本是鱼。如果选择鱼，机会成本是熊掌。）

6.一天下午放学后，你想去打篮球，可是你的作业还没有做。请回答下列问题：

（1）什么是稀缺的？（提示：时间是稀缺的，或者说你的身体是稀缺的，你不能同时打篮球和做作业。）

（2）你的选择是去打篮球还是做作业？（提示：一般说来，应该选择做作业；但是你也可以选择打篮球。）

（3）你为什么这么选择？（提示：选择做作业是为了学习知识，增长才能；选择打篮球是为了锻炼身体和享受乐趣，还有可能成为篮球运动员。）

（4）你的选择的机会成本是什么？（提示：选择做作业的机会成本是打篮球，选择打篮球的机会成本是做作业。）

7.假设暑假期间你搞勤工助学活动。你自己找了一个工作是在超市做导购员，室内有空调，非常凉爽，工资是每天50元。你叔叔给你介绍了一个在街上散发广告宣传单的工作，工资是每天100元，但是由于是在室外工作，天气炎热。请回答下列问题：

（1）什么是稀缺的？（提示：时间是稀缺的，或者说你的身体是稀缺的，你不能同时既做超市导购员，又去街上散发广告宣传单。）

（2）你选择哪份工作？（提示：做哪一份工作都可以。）

（3）你为什么这么选择？（提示：选择在超市做导购员的理由可能是，尽管赚钱少一些，但工作环境舒服；选择在街上散发广告宣传单的理由可能是，尽管天气炎热，工作环境差，但是赚钱多。）

（4）你的选择的机会成本是什么？（提示：如果你选择在超市做导购员，你的机会成本就是在大街上散发广告传单；如果你选择在大街上散发广告宣传单，你的机会成本就是在超市做导购员。）

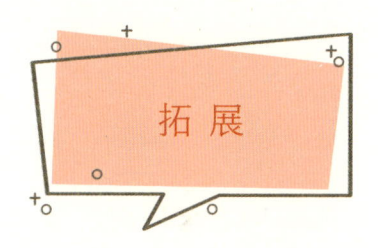

拓 展

许多小朋友读过《小猴子下山》这个故事。老师或家长在讲解这个故事时，常常会说小猴子做出了愚蠢的选择。其实，经济学告诉我们，小猴子的选择可能是聪明的选择呢！

先让我们回顾一下那个故事：

有一天，小猴子下山来，走到一块玉米地里。他看见玉米结得又大又多，非常高兴，就掰了一个，扛着往前走。

小猴子扛着玉米，走到一棵桃树底下。他看见满树的桃子又大又红，非常高兴，就扔了玉米，去摘桃子。

小猴子捧着几个桃子，走到一片瓜地里。他看见满地的西瓜又大又圆，非常高兴，就扔了桃子，去摘西瓜。

小猴子抱着一个大西瓜往回走。走着走着，他看见一只小兔子蹦蹦跳跳的，非常可爱，就扔了西瓜，去追小兔子。

小兔子跑进树林里，不见了。小猴子只好空着手回家去。

这是一个关于选择和机会成本的故事。让我们先看看他前面的两个选择。当小猴子见到桃子的时候，他选择了桃子，放弃了玉米；当他见到西瓜的时候，他选择了西瓜，放弃了桃子。在只能二选一的情况下（选多了小猴子拿不过来），对小猴子来说，也许桃子比玉米效用大，西瓜比桃子效用大。所以，小猴子的选择可能是聪明的选择，不能说小猴子做出了愚蠢的选择。

最受批评的是小猴子最后的选择：当他见到小兔子的时候，他选择了追小兔子，放弃了西瓜；结果小兔子没追上，他两手空空回了家。但我们不能凭最后的结果来说明他的选择是愚蠢的。

很明显，小兔子对小猴子来说价值应该是大于西瓜的。当然，小兔子跑得很快，小猴子很难追上，所以追小兔子的风险是很高的。追小兔子对小猴子来说是一件高风险、高回报的事情。一般说来，小猴子在追小兔子的时候，确实应该好好评估一下风险，想想自己对风险的承受能力。如果小猴子家里已经断粮了，他扔下西瓜去追小兔子似乎是不明智的；如果小猴家里粮食充足，即使两手空空地回家也无所谓，他完全可以冒点风险去追小兔子。因此，我们不能简单地说小猴子追小兔子的选择是愚蠢的。也许他的家里粮食充足得很，为了追求更高的回报，冒点风险是完全可以的。这是对小猴子扔了西瓜追小兔子的一种解释。

其实，即使小猴子家里已经断粮了，我们也不能认定小猴子扔了西瓜去追小兔子是犯傻。经济学家研究发现人们对待风险的偏好是不一样的，并据此将人分成三种类型：风险追逐型，风险中性型，风险厌恶型。小猴子也许具有风险追逐型"人格"，不管他家里已经断粮还是粮食充足，他都喜欢冒险。因此，即使小猴子家里已经断粮了，我们也不能断定小猴子扔了西瓜去追小兔子是犯傻。

一般说来，在创业、经商做生意时，我们一定要好好评估风险，注意控制风险，还要考虑我们的风险承受能力。如果风险承受能力很强，我们可以去从事一些风险高一些、回报也高一些的项目；如果风险承受能力较低，我们就一定要注意回避一些高风险项目。当然，如果你具有风险追逐型人格，那就另当别论了。

概念释义

选择：在资源稀缺的情况下，我们使用某些资源生产某种物品或者服务时，必须放弃使用这些资源生产其他物品或者服务。选择就意味着放弃。

机会成本：当你选择时，你放弃的所有选项中你认为价值最大或者你认为最可惜的选项。

权衡取舍：在众多选项里经过反复比较、从中选优、做出选择的过程。很少选择是轻而易举就能做出的，绝大部分都要经历权衡取舍的过程。

3. 新编三只小猪

> 读故事

从前，山谷里的猪妈妈生了三只小猪，他们是老大、老二和老三。 在猪妈妈的精心照料下，三只小猪在茁壮成长。

一天，猪妈妈把他们叫到跟前，说："你们已经长大了，该自己建房子过日子了。记住，森林里住着大灰狼。冬天到了的时候，它会出来寻找食物，你们可要当心啊！你们建的房子不仅要挡风保暖，而且一定要牢固结实，防止大灰狼进去。另外，对付大灰狼一定要胆大心细，可不能粗心大意啊！"

于是，三只小猪按照妈妈的要求，各自在山谷里建造了房子。

老大有一年到内蒙古牧区旅游，见那里有一种圆形的房子，名字叫蒙古包，很是喜欢。蒙古包的支柱用木棍和驼毛绳连结而成，围墙是用柳条编成的，搬迁时很容易拆卸折叠。包顶是用细木棍以及柳条编成的扇形椽子制作，中间是有四根横撑子的圆形天窗，既可通气，又可采光。蒙古包外面盖着厚厚的羊毛毡子，里面冬暖夏凉，不怕风吹雨打雪花飘。据说，这种房子已经有一千多年的历史了。老大认为，蒙古包易于搬迁，住起来舒服，而且结实牢固，于是决定建造这种房子。

他拿着斧子，去树林里砍了一些树木、细长树枝以及一些沙柳条，从市场上买来了羊毛毡子、驼毛绳子等。他用锯、刨子、锤子等工具把树木做成门和圆形的天窗，把细长树枝做成细木棍，把沙柳条编织成网状围墙和椽子。他用木门、木棍、围墙、天窗、椽子等支撑起蒙古包的框架，外边围上羊毛毡子，再用驼毛绳子加固一下，一座漂亮的蒙古包很快就建成了。

老大住进了自己亲自建的蒙古包里，心里高兴极了。

老二有一年到陕西旅游，见到那里有一种叫作"半边盖"的房子。这种房子被称为"关中十怪"之一。它为什么叫半边盖？因为这种房子整体形状只是我们一般房子的一半。据说由于陕西关中干旱少雨，这半边盖的房子能让珍贵的雨水全部流到自家的田地里，正所谓"肥水不流外人田"。这种房子用泥坯和木头建成，不需要大梁和大立柱，能省很多木料，而且由于整个房顶都向着南方，能够充分利用太阳光线，冬天非常暖和。老二非常喜欢半边盖，决定建造这样的房子来居住。

他从田里运来很多泥土，用模子做成很多

泥坯，放在外边晾干。他还用斧头砍了很多树木，用锯、刨子、锤子等工具把这些树木做成门、窗、檩木和椽子等。他还买来了用泥烧制成的瓦，以备建房顶用。

老二用泥坯垒成墙，放上檩木和椽子，房顶上排上瓦，在墙上安上门和窗户，一座半边盖很快就建造好了。

老二住进了自己建造的半边盖里，感觉舒服极了。

老三有一年到张家界旅游，看到那里有长着很多"脚"的房子，叫"吊脚楼"。这些"脚"实际上是一些木桩，它们被埋进土里或者插进水下面的泥土里。房子吊在上边，好像空中楼阁。吊脚楼一般有两层，底层是猪牛栏圈或用来堆放杂物，上层住人。这种房子是用木材建造的，房顶上铺盖着瓦。吊脚楼有很多好处：它既能通风防潮，又能防止毒蛇、野兽的侵扰。老三决定建造一栋这样的房子。

他到山林里用斧头砍

来很多树木。他把一部分树木用锯截断，做成木桩，一部分锯成木板，还有一部分做成大梁、檩木和椽子。他还从砖瓦窑那里买来了大量的瓦。他把木桩埋到土里，用锤子等工具将木板做成楼板和木板墙，架上大梁、檩木和椽子，上边铺上瓦，一栋吊脚楼就这样建成了。他在底层放了一个木质梯子，以备人们上楼使用。

老三住进了亲自盖的吊脚楼里，心里美滋滋的。

转眼之间冬天到了。一天，三只小猪正在自己房子附近玩耍。正玩得高兴时，大灰狼来了。大灰狼恶狠狠地说："我饿了，我想吃掉你们！"三只小猪吓得一口气跑回了自己的家，急忙关好门，防止大灰狼进来。

大灰狼跑到老大的蒙古包门前，恶狠狠地说："赶快出来，否则我就会把你的蒙古包吹倒！"大灰狼使劲鼓起一口气，朝蒙古包吹去。可是，蒙古包结实得很，没有被吹倒。大灰狼又恶狠狠地说："赶快出来，否则我会把你的蒙古包推倒！"大灰狼使劲朝蒙古包推去。可是，蒙古包结实得很，大灰狼怎么也推不倒。

这时，大灰狼朝蒙古包上边看了看，看到天窗是开着的。原来，老大跑回家后，由于慌张，忘记了将天窗关上。大灰狼高兴得哈哈大笑。它爬上蒙古包，从天窗跳了进去。

老大吓得急忙打开门，朝老二的半边盖跑去。

老二急忙打开门，让老大进来。

大灰狼跑到老二的半边盖门前，恶狠狠地说："赶快出来，否则我就会把半边盖吹倒！"老大和老二没有回答。大灰狼使劲鼓起一口气，朝半边盖吹去，可是半边盖结实得很，没有被吹倒。大灰狼又恶狠狠地说："赶快出来，否则我会把你的半边盖推倒！"老大、老二没有出来。大灰狼使劲朝半边盖推去。可是，半边盖结实得很，大灰狼怎么也推不倒。

这时，大灰狼围着半

边盖转了一圈，发现房子的窗户敞开着。原来，老二由于粗心，忘了将窗户关上。大灰狼一阵高兴，从窗户跳进了半边盖。老大和老二急忙打开门，朝老三的吊脚楼跑去。

老三很细心，待到老大和老二爬上了楼以后，他快速地把梯子拿到楼上，以防止大灰狼顺着楼梯爬上吊脚楼。

大灰狼追到吊脚楼下。由于没有了梯子，它跳呀跳呀，怎么也跳不上楼。老三事先在吊脚楼上放了一些对付野兽的石头。老大、老二和老三用石头朝大灰狼狠狠砸去，疼得大灰狼哇哇直叫，抱着头灰溜溜地跑了。

从此以后，大灰狼再也不敢来了。老大、老二和老三过着幸福的生活。

请回答

1. 老大建造了什么样的房子？建造这样的房子使用了什么东西？（提示：老大建造了蒙古包。老大建蒙古包使用了树木、树枝、沙柳、斧子、锯、刨子、锤子、羊毛毡子、驼毛绳子。）

2. 老二建造了什么样的房子？建造这样的房子使用了什么东西？（提示：老二建造了半边盖。老二建造半边盖使用了泥土、树木、锯、刨子、锤子、瓦。）

3. 老三建造了什么样的房子？建造这样的房子使用了什么东西？（提示：老三建造了吊脚楼。老三建造吊脚楼使用了斧头、树木、瓦、锤子。）

4. 大灰狼为什么能够跑到老大的蒙古包里？（提示：老大由于慌张，忘记了关上天窗，大灰狼从天窗里跳进了蒙古包。）

5. 大灰狼为什么能够跑到老二的半边盖里？（提示：

老二由于粗心，忘记了关上窗户，大灰狼从窗户跳进了半边盖。）

6.大灰狼为什么不能跑到老三的吊脚楼里？（提示：吊脚楼高高吊起，上楼需要木头梯子。老三很细心，待老大和老二爬上了楼以后，他快速地把梯子拿到楼上，所以大灰狼无法爬上吊脚楼。）

学经济

　　小朋友们，这个故事不仅让我们知道了蒙古包、半边盖、吊脚楼等一些非常有特色的中国传统建筑，以及对付大灰狼这样的坏人一定要胆大心细这样的道理，而且还包含着很多经济知识呢！

　　三只小猪建造的房子，也就是蒙古包、半边盖和吊脚楼，我们称它们为物品。物品也叫商品，是我们生产或者生活中需要的物体。我们在商店里买的东西都是物品。小猪生产房子这种物品是为了满足他们居住的需要，具体说来是为了满足挡风避雨、预防野兽侵害以及安心休息、恢复体力的需要。

人们需要的东西，除了物品，还有服务。服务也叫劳务，是指一个人为别人做事情，也是用来满足人们需要的。理发师给别人理发是给人们提供服务，学校里老师给学生传授知识，也是提供服务。

物品和服务都是用来满足人的需要的。二者的区别在于：物品是有形的，是可触摸的；而服务是无形的，是不可触摸的。

生产物品和服务是需要生产资源的。生产资源是生产物品或者服务需要的全部自然资源、资本资源和人力资源。

三只小猪生产房屋这种物品都使用了生产资源。老大建造蒙古包使用的树木、树枝、沙

自然资源

柳、斧子、锯、刨子、锤子等都是生产资源。

老大建造蒙古包使用的树木、沙柳等这些大自然赐予我们的东西，叫作自然资源。大自然中的土地、矿产、石油、森林、空气、水等等都属于自然资源。自然资源必须是人类没有加工过的东西。像木材、棉布这样的原材料是人类加工过的，已经不属于自然资源了。它们属于中间物品。中间物品的生产也离不开自然资源、资本资源和人力资源。

资本资源

老大在建造蒙古包过程中使用的斧子、锯、刨子、锤子等这些用来帮助生产物品的东西，被称为资本资源。资本资源通常表现为工具、设备、机器、厂房等。它的特点是在生产物品时不会一次用完，可以一遍又一遍地使用，直到不能再用。

为生产蒙古包这种物品付出劳动的人，也就是老大，被称为人力资源。人力资源也就是我们通常所说的劳动力。工人、农民、知识分子都是人力资源。

人力资源在生产中付出的劳动既包括脑力劳动，也包括体力劳动。老大为了建造蒙古包需要动脑筋思考，保证建造的房子美观牢固，不出差错。他付出的这种劳动叫脑力劳动。他在建造房子过程中要使用肌肉走来走去、上上下下、搬运东西。他付出的这种劳动叫体力劳动。

人力资源

大多数人在工作中既付出脑力劳动，又付出体力劳动。但有的人以体力劳动为主，如工人、农民、牧民等，被称为体力劳动者；有的人以脑力劳动为主，如教师、编辑、医生、工程师等，被称为脑力劳动者。

老大建造蒙古包，除了使用生产资源，还使用了从市场上买来的羊毛毡子和驼毛绳子等。这些东西跟生产资源一起，变成了最终物品——蒙古包的一部分，所以我们称它们为中间物品。中间物品通常是从市场上购买的。它们的生产也离不开生产资源，包括自然资源、资本资源和人力资源。

以此类推，老二和老三建造半边盖和吊脚楼使用的泥土、树木属于自然资源，使用的锯、刨子、斧头、锤子等属于资本资源，老二和老三属于人力资源，他们从市场上买来的瓦属于中间物品。

通过这个故事，我们还可以了解什么是生产者、什么是消费者。

生产者是指生产物品或者提供服务的人。消费者是指通过使用物品或者服务满足自己需要的人。因为三只小猪都是自己建造房子自己居住，所以他们既是生产者，也是消费者。

现在，我们的社会已经进入了市场经济时代，企业的生产活动要比三只小猪建造房子复杂得多，但是基本的经济学道理是一样的。例如，企业生产物品和服务同样需要生产资源，包括自然资源、资本资源和人力资源，同样有生产者，也同样有消费者。

再回答

1. 我们居住的房子是用什么材料建造的？哪一些属于自然资源？哪一些属于中间物品？（提示：一般是用砖头、水泥、钢筋、树木、石头等建筑材料建造的。石头和树木是从自然界获取的，属于自然资源；砖头、水泥、钢筋等是从市场上买来的，最终转化成了房屋的一部分，属于中间物品。）

2. 建造我们居住的房子需要使用什么机器？它们属于哪一种资源？（提示：一般需要使用大吊车、挖掘机、推土机、装载机、搅拌机、卡车等。它们用来帮助建造房屋，属于资本资源。）

3. 我们居住的房子是谁建造的？他们属于哪一种资源？谁是脑力劳动者，谁是体力劳动者？（提示：建造房子的人员大体包括建筑设计师、管理人员、建筑工人。他们属于人力资源。建筑设计师和管理人员以脑力劳动为主，属于脑力劳动者；建筑工人以体力劳动为主，属于体力劳动者。）

4. 与爸爸妈妈或老师一起讨论如下问题：生产你现在使用的教材需要什么生产资源？（提示：①人力资源，包括教材编写人员（作者）、出版社编辑人员（编者）、印刷厂的印刷工人和书店销售人员等；②资本资源，包括办公楼、厂房、印刷机器、卡车等；③自然资源，例如土地。另外，生产教材还使用了纸张、油墨等中间物品。它们的生产也离不开自然资源、资本资源和人力资源。）

做活动

小朋友去野外或郊游时可以动手建造一所"房子"，看看建造这所"房子"需要哪些东西，这些东西属于哪一种生产资源。（提示：应该会用到石头、木棍、草、泥土、沙子和铲子等。石头、木棍、草、泥土、沙子属于自然资源，铲子属于资本资源，小朋友属于人力资源。）

拓 展

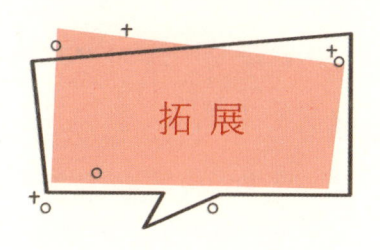

可能有很多小朋友都读过英国作家兰德尔的童话故事《小红母鸡》。这个故事除了告诉我们要热爱劳动的道理以外,其中还包含很多经济知识。

让我们先读一下这个故事:

从前,有只小红母鸡和小猫、老鼠、小猪三个朋友住在同一个农场里。

一天早上,小红母鸡发现了一些麦粒。她带着这些麦粒去找她的朋友们。

"谁愿意帮我种小麦啊?"小红母鸡问她的朋友们。

"我不愿意。"小猫说。

"我不愿意。"老鼠说。

"我不愿意。"小猪说。

"那我就自己种吧。"小红母鸡说。

她说了就做。在阳光最充足的地方,她整整齐齐地种上了一行麦粒。

小红母鸡细心地照料着小麦。她给小麦浇水、施肥，看着小麦成长。

终于，小麦长高长壮，变成了金黄色。小红母鸡知道，小麦成熟了，到了收割的时候了。

"谁愿意帮我割小麦啊？"小红母鸡问她的朋友们。

"我不愿意。"小猫说。

"我不愿意。"老鼠说。

"我不愿意。"小猪说。

"那我就自己割吧。"小红母鸡说。

她说了就做。她用小镰刀认真地把金黄色的麦穗一颗一颗地割下来。然后，她又去找她的朋友们。

"谁愿意帮我把小麦运到磨坊去？"小红母鸡问她的朋友们。

"我不愿意。"小猫说。

"我不愿意。"老鼠说。

"我不愿意。"小猪说。

"那我就自己把小麦运到磨坊去吧。"小红母鸡说。

她说了就做。她把小麦运到磨坊里，让磨坊主把小麦磨成了面粉并把面粉装到一个袋子里。小红母鸡把面粉拿回农场。

"谁愿意帮我把面粉运到面包师那里呀?"小红母鸡问她的朋友们。

"我不愿意。"小猫说。

"我不愿意。"老鼠说。

"我不愿意。"小猪说。

"那我就自己把面粉运到面包师那里吧。"小红母鸡说。

她说了就做。面包师把面粉做成了一条新鲜美味的面包。小红母鸡把面包拿回了农场。

"谁愿意帮我吃这条面包呀?"小红母鸡问她的朋友们。

"我愿意。"小猫说。

"我愿意。"老鼠说。

"我愿意。"小猪说。

"不行,你们谁也不能吃!"小红母鸡说,"我要自己吃这条新鲜美味的面包!"

她说到做到。

这个故事粗略地告诉了我们粮食和面包的大体生产过程。先是小麦的播种,接下来是浇水、施肥、收割、磨面，最后是制作面包。生产粮食和面包这些物品，同生产一般物品和服务一样需要生产资源，包括自然资源、资本资源和人力资源。故事中提到的自然资源有种小麦用的土地、浇小麦用的水等；资本资源有小麦种子、割小麦用的镰刀、把小麦磨成面粉的磨坊等；人力资源就是小红母鸡。

  小朋友想一想：如果小红母鸡的朋友们，包括小猫、老鼠、小猪帮助小红母鸡做工作的话，他们是不是人力资源？是的。如果他们帮助小红母鸡，他们也就变成了人力资源，小麦的生产和面包的制作会做得更好。

概念释义

生产资源：生产物品或者服务需要的全部自然资源、资本资源和人力资源。

自然资源：人们用于生产的那些大自然赐予我们的东西。大自然中的土地、矿产、石油、森林、空气、水等等都属于自然资源。自然资源必须是人类没有加工过的东西。像木材这样的原材料是人类加工过的，已经不属于严格意义上的自然资源，而是属于中间物品。

资本资源：用来帮助生产物品和服务的东西。资本资源通常表现为工具、设备、机器、厂房等，它的特点是在生产物品时不会一次用完，可以一遍一遍地使用，直到不能再用。

人力资源：从事脑力和体力劳动的人，也就是我们通常所说的劳动力。

中间物品：从市场上购买的用于生产的物品。

它转化成了最终物品的一部分，其生产也离不开生产资源，包括自然资源、资本资源和人力资源。

物品：用来满足人们需要的可触摸的、有形的东西。人们在商店购买的东西都是物品。

服务：一个人为其他人做的事情。它是用来满足人们需要的不可触摸的、无形的东西。老师上课就是为学生提供服务。

生产者：生产物品或者提供服务的人。

消费者：购买物品或者服务满足自己需要的人。

4. 乐乐创业记

读故事

暑假马上就要到了，乐乐所在的四年级一班的教室里，老师在布置暑假作业。老师说："这次暑假作业以社会实践活动为主。你们可以做社会调查，也可以给社区或者企事业单位做义工，有条件的同学可以开展创业活动。然后你们要对这些社会实践活动加以总结，写出调查报告、总结报告或者创业报告。"

做什么社会实践活动好呢？放假后，乐乐冥思苦想着。

乐乐居住的小区叫明星小区。一天，乐乐碰到了住在同一个小区的赵叔叔。赵叔叔把乐乐叫住，说："明天我要出差，我养的小狗没有人看护，你帮着我照看几天好吗？每天我给你10元看护费。"

"好呀！"乐乐高兴得跳起来。乐乐最喜欢小狗了，但是不知为什么，爸爸妈妈一直反对他养小狗。

乐乐把小狗带回了家。爸爸皱着眉头说："你能养好小狗吗？养狗可不容易！你要每天给它弄饭吃，给它打扫卫生，带着它出去散步，还要定期给它洗澡。如果不小心把小狗弄丢了，你还要做出赔偿。最重要的，是防止被小狗咬伤或者抓伤。如果被狗咬伤或者抓伤，要赶快用肥皂水冲洗伤口，还必须在24小时内去卫生防疫站或医院打狂犬疫苗。"

乐乐满怀信心地说："我一定能养好小狗，保证不被它咬伤或者抓伤！"

爸爸妈妈见乐乐决心已定，很有信心，便不再反对。

乐乐家里有两个卫生间，其中一个常年不用。乐乐在这个卫生间给小狗建了一个"家"。他找来一个废旧纸箱,里面铺上几张报纸,让狗住在里面。

就这样,乐乐开始了新的生活。他每天给狗喂它喜欢吃的食物,每天给它清理卫生,每天带着它出去散步,每三天给它洗一次澡。起初,乐乐感觉有些力不从心,有时忙得不可开交。但是,几天过后,养狗的经验多了,乐乐也就应付自如了。

十天过后,赵叔叔出差回来了,直夸乐乐会养狗。按照事先的约定,他给了乐乐100元钱的看护费。扣掉给狗买食物的费用50元,乐乐赚了50元钱。

拿着通过自己的劳动获得的报酬,乐乐心里美滋滋的。

乐乐听大人们说,小区里经常有人出差或者出国,他们养的宠物常常没人照看。乐乐心想:我为什么不成立一家宠物看护中心,帮助他们看护宠物呢?这不就是老师说的创业活动吗?

乐乐把自己的想法跟爸爸妈妈说了。由于乐乐看护赵叔叔的小狗非常成功,这次爸爸妈妈非常支持乐乐的创业活动,并给他出了很多主意。

乐乐在家里做好了看护各种宠物的准备。他准备了几个纸箱子,里边铺上报纸,把它们放在卫生间,作为狗、猫等动物的"家"。

乐乐做好准备工作之后,在小区里贴出了海报,标题是:乐乐暑期宠物看护中心成立。海报上写着:"本中心在暑假期间为顾客看护狗、猫、鸟等宠物……联系人:乐乐。地址:明星小区八号楼三单元201室。联系电话:66668888。收费标准:看护小狗和小猫,每天10元;看护鸟类和兔子,每天5元……"

很快,很多人找到乐乐,让他照看宠物。张叔叔因

为要出差,送来了他养的小狗;李阿姨因为要出国探亲,送来了她养的小猫;王爷爷因为生病住院,送来了他养的鹦鹉……

爸爸妈妈告诉了乐乐关于宠物的很多知识,给了他很多支持。乐乐还从互联网上查到了关于饲养宠物的很多资料。他还从超市买来了小狗小猫喜欢吃的火腿肠、小鸟喜欢吃的小米等。

乐乐每天精心照顾这些宠物。他每天给它们的"家"打扫卫生,每天给它们喂食三次,每天带着小狗散步,定期给小狗小猫洗澡。

尽管比较辛苦,可是乐乐心里非常高兴。

张叔叔出差回来了,李阿姨出国回来了,王爷爷出院回家了。他们来乐乐家领回了他们的宠物,都说乐乐照顾得好。按照乐乐的收费标准,他们支付了看护费用。扣掉乐乐给宠物购买食物等的费用,乐乐这次赚了150元钱。加上替赵叔叔照看小狗赚的50元钱,乐乐通过看护宠物总共赚了 200 元钱。

转眼间，暑假快要结束了。乐乐停止了看护宠物的工作。他总结了自己的创业活动，写出了创业报告。

开学后，老师看了乐乐的创业报告，表扬了乐乐的创业活动。她说："乐乐，你长大后会成为一名出色的企业家！"

请回答

1. 为什么乐乐要创办"乐乐暑期宠物看护中心"？（提示：一是乐乐为了完成自己的暑假作业；二是乐乐通过看护宠物可以赚钱。）

2. 乐乐照看小狗、小猫、小鸟等宠物是免费的吗？（提示：不是免费的。乐乐看护小狗和小猫，每天收费 10 元；看护小鸟和兔子，每天收费 5 元。）

3. 乐乐是怎样让小区里的居民知道"乐乐暑期宠物看护中心"成立的？（提示：乐乐在小区内贴了一张海报。）

4. 乐乐照看小狗要做哪些工作？照看小狗有哪些风

险？（提示：乐乐照看小狗要做的工作是：每天给小狗弄饭吃，给小狗打扫卫生，带着小狗出去散步，还要定期给小狗洗澡。主要风险是：①如果小狗丢失，乐乐要做出赔偿；②如果乐乐不小心，会被小狗咬伤或者抓伤。）

5. 乐乐照看宠物赚钱了吗？总共赚了多少钱？（提示：赚钱了。乐乐总共赚了200元钱。）

学经济

乐乐为人们看护宠物，收取费用的行为，是一次创业活动。通俗地讲，创业就是创办企业，做生意赚钱。小朋友在力所能及的范围内开展创业，不仅可以增加个人收入，而且可以增长经营才能，加深对经济生活的理解。

乐乐是怎样发现创业机会的呢？赵叔叔委托乐乐看护小狗，给了乐乐100元钱，扣掉50元的成本，乐乐赚了50元钱。乐乐听大人们说，小区里经常有人出差或者出国，他们养的宠物常常没人照看。所以乐乐认为，看护宠物应该是一个不错的创业机会，于是他成立了"乐乐暑期宠物看护中心"。

故事中的"乐乐暑期宠物看护中心"实际上是一个类似企业的组织。当然，真正的企业要开展经营活动，需要到工商局注册、给税务局纳税并到银行开户。小朋友走在大街上，会看到道路两边经常挂着非常醒目的牌子，上面写着"××公司""××饭店""××宾馆""××超市"等等。这些都是大人们创办的企业的名字。这些企业是以赚钱为目的的。

企业靠什么赚钱呢？靠提供人们需要的东西来赚钱。

人们需要的东西，一是物品，二是服务。

物品也叫商品，是人们需要的那些可触摸的、有形的东西。在这个故事中，乐乐给小狗买的火腿肠、给小鸟买的小米都是物品。

服务是一个人为别人做的事情，也是用来满足人们的需要的。它是不可触摸的、无形的。故事中，乐乐照看宠物，为人们提供的是一种服务。

乐乐在小区里张贴海报，实际上是在给自己的创业活动做的简单广告。乐乐通过张贴海报，让小区里更多的人知道了"乐乐暑期宠物看护中心"成立，很多人把宠物送来让乐乐照看，说明这个广告起到了很好的宣传作用。现代社会中许多企业每年都要投入大量的资金在互联网、电视、广播、报刊等媒体上做广告。广告是企业的一种重要营销手段。

生产物品或者服务要付出的各种生产资源，被称为生产成本。生产资源包括自然资源、资本资源和人力资源。乐乐照看宠物，需要花钱给宠物购买食物，需要占用一个卫生间，需要用水给小狗洗澡，还需要付出大量时间——他必须长时间地工作，承担很多责任。这些生产资源都是乐乐照看宠物付出的生产成本。

老师上课给我们提供的是服务

销售收入与生产成本之间的差额被称为利润。用公式表示就是：利润＝销售收入－生产成本。在企业经营活动中，应该尽量降低生产成本，增加销售收入，以便创造更多的利润。

故事中乐乐为赵叔叔照看小狗，10天共得100元钱，也就是乐乐的营业收入是100元。从营业收入中扣掉乐乐给小狗购买食物花的50元生产成本，乐乐给赵叔叔照看小狗获得的利润是50元。乐乐在整个创业活动中，总共赚了200元钱。也就是说，乐乐的总利润是200元。

所有的经营活动都是有风险的。不是所有的创业活动都能成功，不是所有的企业都能赚钱。对乐乐来说，如果宠物丢失，乐乐必须做出赔偿；如果乐乐不小心被小狗小猫咬伤或者抓伤，他需去医院或卫生防疫站打疫苗和治疗。这些都需要花钱。这些都是乐乐这次创业活动的风险。

通过这个故事，小朋友们还可以学到关于激励的经济知识。

激励就是鼓励人们做出好的选择的东西，分为正面激励和负面激励。如果完成一件事情能得到好处和奖励，这样的激励属于正面激励；反之，如果做出某种行为会受到惩罚，这样的激励属于负面激励。爸爸妈妈和老师经常采用一些正面激励和负面激励的措施，来促使小朋友做出好的选择。

是什么激励着乐乐开展创业活动的？首先，乐乐需要完成暑期作业。开展创业活动，写出比较好的创业报告，会取得一个好的成绩，得到老师的表扬。其次，乐乐通过创业活动还可以赚钱。这种激励属于正面激励。

再回答

1. 除了照看小宠物，你认为适合小朋友的创业活动还有哪些？（参考答案：除了照看小宠物，适合小朋友的创业活动还有卖报、卖雪糕冰激凌、卖矿泉水、卖文具、卖书、替商家散发广告单等。）

2. 这些创业活动需要什么成本？（提示：需要投入时间和一部分资金。）

3. 这些创业活动有哪些风险？（提示：一旦物品卖不出去或者卖不完，投入的资金不能收回或者不能全部收回，就有可能造成亏损；另外，在创业过程中如果不注意安全，可能会伤害到自己的身体。）

4. 所有的企业经营活动都会盈利吗？（提示：不是

所有的企业都能盈利。销售收入大于生产成本，企业就盈利；销售收入小于生产成本，企业就会亏损。）

5．你认为做企业家难，还是给人打工难？为什么？（提示：做企业家可能更难一些。因为企业家要组织生产资源，包括自然资源、资本资源、人力资源，来生产物品或服务，要承担很大的责任和风险，要长时间地工作，要付出很多劳动。）

6．为什么很多人都想做企业家？（提示：很多人都想做自己的老板，赚更多的钱。如果企业经营得好，企业就会盈利，企业家的投资就会得到回报。）

做活动

1．如果有条件的话，可以开展一次创业活动。

2．请爸爸妈妈讲一个创业故事，或者通过互联网查找一个创业故事，讨论一下这些创业的人为什么会成功或失败。

3．通过电视、报纸、杂志或互联网搜集几句广告语，说说它们有什么宣传作用。

拓 展

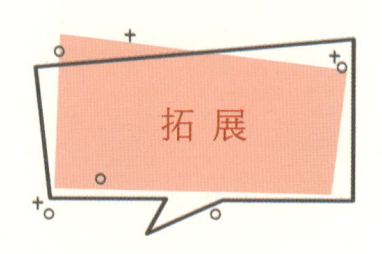

于成龙的《比尔·盖茨全传》（新世界出版社出版）介绍了比尔·盖茨早年的创业活动。

比尔·盖茨创办的微软公司是全世界最大的电脑软件供应商。他是怎样成功的？是像有人说的那样有个聪明的脑袋就行了吗？不是的。他的成功，除了智力因素，最主要靠的是他不同于一般人的经济头脑，以及从小积累起来的从商经验。

比尔出生在一个开明、富足的家庭。父亲从小就注重培养他的经济思维，支持他的创业活动。在1975年创办微软公司之前，不到20岁的比尔已经创办过两个公司，参加了很多商业活动，在林林总总的商战中积累了丰富的经验。这些商战经验使他在后来的经营管理中游刃有余，最终取得了辉煌的成功。比尔的好友坎特·埃文斯的父亲说："如果有人想知道盖茨为何能取得今天这样的成就，依我之见，就是因为他有早年在处理生意方面的经历。"

早在1970年,年仅15岁、正在湖畔中学读书的比尔就做成了一笔好买卖。当时他和好友坎特打工的一家电脑公司倒闭,他们低价买下了该公司有价值的电脑磁盘。之后不久,他们以比较高的价格卖了这些磁盘,赚了不少钱。

比尔和另一名好友保罗·艾伦都对计算机着迷。比尔很快意识到这有可能给他们带来收益,于是两人合伙成立了类似公司的组织——湖畔程序设计师集团。1971年他们赢得了一次真正的商业机会——受委托为当地一家公司编制一个工资单程序。在与公司谈判时,比尔要求以项目产品或版税的形式支付设计师的报酬。16岁的中学生就知道以版税抽取利润,可见他从小经济意识多么清晰!

随后,比尔和保罗设计了一种能分析纸带记录的计算机程序,用于计算城市交通流量状况。为此,他们专门成立了公司。虽然这次创业最终因政府的政策调整而不了了之,但他们还是赚了大约2万美元,同时还增长了实际运作公司的经验和能力。

此后,比尔与坎特合作成立了一个"逻辑仿真公司",

业务范围包括设计课程表、进行交通流量分析、出版烹饪类图书等。这个公司接受了湖畔中学校方的授权，成功地为校方设计了学生的课程表程序。之后，比尔四处给周围学校发信，表示愿意为他们设计课程表程序。他在信中说："我们应用了一种由湖畔设计的独特的课程管理电脑系统。我很荣幸地向贵校推荐这一产品。服务上乘，价格优惠——每个学生收费2～2.5美元。望有机会进一步与贵方商谈此事。"

在进入哈佛大学读书之前，比尔还到华盛顿特区美国众议院当了一名服务员。在几个月的实习过程中，比尔又一次显示了他的卓越商业头脑。他以5美分一枚的价格买进总统竞选纪念章，几个月后以25美分一枚的价格卖出，从中盈利几千美元。

比尔·盖茨早年的这些创业活动和从商经历，为日后微软公司的成功奠定了基础。

概念释义

创业：人们寻找和发现赚钱的机会，创造出新颖的物品或者服务，承担相应的风险，并获得金钱回报的活动。

企业：以盈利为目的，为社会提供物品或者服务的经济组织。

企业家：组织各种生产资源生产物品或者服务并承担风险、获取利润的人。

广告：为了推销商品或者服务向消费者传播信息的手段。

生产成本：生产物品或者服务要付出的生产资源，包括自然资源、资本资源和人力资源。

利润：销售收入与生产物品或服务的成本之间的差。用公式表示就是：利润＝销售收入－生产成本。

风险：产生损失的可能性。

5. 绵羊雅克西

> 读故事

你好!我是一只纯种的中国土种绵羊,名字叫雅克西,在维吾尔语中是"好"的意思。

也许你会奇怪我怎么起了一个维吾尔名字。告诉你吧!我生活在人们称为河西走廊的地方,吃着祁连山脚下的青草长大。我的主人是维吾尔族人,叫买买提,人们都叫他买买提大叔。

买买提大叔是个牧羊人,同时也是个织地毯的人。他从自己喂养的绵羊身上,剪下精细的羊毛,织成漂亮的地毯,拿到市场上卖。

在一个秋高气爽的上午,买买提大叔拿出剪刀,在磨刀石上磨呀磨呀,磨了半天。我正奇怪他要干吗,这时他让我躺在地上——我知道他又要剪我的毛了。我可不是好对付的！尽管我并没有感觉到痛苦，可是我还是四脚朝天，蹬呀蹬呀，折腾了好一会儿。我的毛终于被买买提大叔剪光了。这时的我全身赤裸，看起来酷极了！

我决定待在附近，看看买买提大叔究竟要用我的毛干什么。我看见他端来了肥皂水，将我的毛泡进水里洗呀洗呀，直到洗干净了，又在清水里漂洗了一遍，这才取出，晾在院子里。待我的毛晾干后，买买提大叔拿来一个大梳子，将碎毛梳掉，将长毛梳直。

我看到买买提大叔开始

纺毛线了。他没有使用纺线机器，而是用一个简单的纺锤来纺毛线。这种纺线方法虽然原始，效率也比较低，但是纺出来的毛线品质相当好。只见他转动纺锤，手拉羊毛，毛线越来越长。然后，他把毛线缠在纺锤上。待到纺锤上的毛线足够多时，买买提大叔将毛线取下来，做成毛线球。就这样，买买提大叔终于将我的毛全部纺成了毛线。

要想织出有彩色花纹的漂亮地毯，就必须将毛线染成五颜六色。我知道，买买提大叔染毛线，是从来不去市场上买化学染料的。他总是从当地生长的植物里提取天然染料。他说，自制的天然染料比从商店里买的好多了。他去野外采回来很多种植物，包括马蓝、苏木、茜草、姜黄和乔木果实等，准备从中提取染料。

这些植物可都是我喜欢吃的美味！我偷偷将它们吃了个精光，害得买买提大叔不得不再次去野外采集这些植物。

买买提大叔将这些植物捣碎，放到盆中，在盆里加一些水，水就有了颜色。然后，将碎渣过滤掉，染料就做成了。他从马蓝中提取了蓝色染料，从苏木和茜草中提取了红色染料，从姜黄中提取了黄色染料，从乔木果实中提取了绿色染料。

然后，只见他将每种染料分别放入几口锅中，在锅中再加上一些水，在锅的下面生上火。待锅中的染料烧开后，他将白毛线分成几部分，分别放入盛有不同染料的锅中。毛线在锅中煮了大约半个小时后，买买提大叔把它们取出，放在架子上晾干。毛线有的被染成了蓝色，有的被染成了红色，有的被染成了黄色，有的被染成了绿色，五彩缤纷，美丽极了。

我看见买买提大叔拿出一团毛线，在两根棍子之间缠啊缠啊，缠成了一个框架。一个织机就这样做成了。他开始织起地毯来。他先织下边，从下往上织。他一会儿织上一些蓝色毛线，一会儿织上一些红色毛线，一会儿织上一些黄色毛线，一会儿又织上一些绿色毛线。毛线进进出出，在织机上穿梭。

用这种手工方法织地毯，速度很慢，就像他的先人祖

祖辈辈做的那样。但是，这样织出来的地毯，精密细致，是独一无二的，谁也无法复制。

这样，经过剪毛、洗毛、晒毛、梳毛、纺线、染色、编织等几个环节，大约一个月后，从我身上剪下来的羊毛终于变成了地毯。看着色彩漂亮、质地精细的地毯，我的心里美滋滋的。

我希望我身上赶快长出新的羊毛，让买买提大叔再织一条这样美丽的地毯。

请回答

1. 买买提大叔是做什么的？（提示：是一个牧羊人，也是一个生产地毯的人。）

2. 买买提大叔从什么东西里提取染料？（提示：从马蓝、苏木、茜草、姜黄和乔木果实等植物里提取染料。）

3. 买买提大叔在生产地毯的各个环节使用了什么工具？（提示：他剪羊毛使用了剪刀，纺毛线使用了纺锤，染毛线使用了锅，编织地毯使用了织机。）

4. 是买买提大叔亲自完成生产地毯各个环节的全部工作吗？（提示：是。买买提大叔亲自完成剪毛、洗毛、晒毛、梳毛、纺线、染色、编织等各个环节的全部工作。）

5. 买买提大叔手工编织的地毯有什么特点？（提示：（1）用天然染料染毛线，不用化学染料；（2）是独一无二的，谁也无法复制；（3）色彩漂亮，质地精细。）

6. 买买提大叔手工生产一件地毯需要多长时间？（提示：大约需要一个月。）

学经济

这个故事不仅让我们了解了中国传统的手工地毯工艺，还可以让我们从中学到很多经济知识。

故事中买买提大叔是一个牧羊人，同时也是一个地毯生产者。生产者是指生产物品或者服务的人。

生产物品或者服务需要消耗生产资源。生产资源包括自然资源、资本资源和人力资源。买买提大叔洗羊毛用的水、提取染料用的植物是地球上天然存在的东西，被称为自然资源；买买提大叔剪羊毛用的剪刀、纺毛线用的纺锤、染毛线用的锅、编织地毯用的织机，这些用来帮助生产物品的东西被称为资本资源；为织地毯付出脑力劳动和体力劳动的买买提大叔被称为人力资源。人力资源也叫劳动力。

买买提大叔为了织地毯要动脑筋思考，保证地毯美观、结实，在生产的各个环节不出差错，他付出的这种劳动叫脑力劳动；他还要在各个生产环节使用肌肉动来动去，付出力气，他付出的这种劳动叫体力劳动。

每一个人在工作中都要付出脑力劳动和体力劳动。有的人在工作中主要付出脑力劳动，被称为脑力劳动者；有的人在工作中主要付出体力劳动，被称为体力劳动者。买买提大叔生产地毯付出的主要是体力劳动，所以他是体力劳动者。

买买提大叔一个人亲自完成了剪毛、洗毛、晒毛、梳毛、纺线、染色、编织等生产地毯的全部环节，用大约一个月的时间生产一条地毯，他的这种生产方式叫单件生产。单件生产是指生产者在生产过程中完成各个生产环节，因而只能生产少量物品的生产方式。单件生产的特点是，单件产品花费的时间比较长，生产效率比较低。单件生产属于小生产。

与单件生产相对的生产方式叫批量生产。批量生产是指在生产专业化和劳动分工出现以后，人们在流水线上工作，不同的人生产物品的不同部分，从而大批量地生产物品的生产方式。批量生产属于现代化大生产。

单件生产效率比较低下，现在人们已经很少使用了这种生产方式了。现在人们大多采用批量生产的方式。在批量生产方式下，不仅整个社会的生产已经专业化，而且劳动有了分工，每一种物品的生产被分成了许多单独的任务，不同的人完成不同的任务，生产效率大大提高。

专业化是指人们只生产一种或几种物品或者服务的生产方式。现代社会的生产越来越专业化。例如，牧羊人专门养羊和生产羊毛，纺织厂专门纺织毛线，染料厂专门生产染料，地毯厂专门编织地毯。这与买买提大叔完成生产地毯的所有工作是截然不同的。

专业化使人们必须通过交换来满足自己对物品和服务的需求，人们变得相互依赖。

交换就是用某些物品和服务，去换取另外的物品和服务，或者去换取金钱。在货币产生以前，人们采用的是物物交换的形式，比如甲用生产的粮食去乙那里换取生产所需要的斧子。在货币出现以后，物物交换逐步被以货币为媒介的交换所取代。历史发展到今天，物物交换这种交换形式已经很少使用了，绝大部分交换使用货币，比如，小朋友使用金钱去购买食品、文具等等。

人们交换，是为了获得自己需要的物品或者服务，从而使生活变得更美好。自愿的交换能够使交换双方都能够从中获益。这就是经济学家说的交易创造财富。比如，如果你有很多笔记本，但是没有铅笔，你无法写字，怎么办？你可以用你的笔记本去换取别人的铅笔，这时你就可以有铅笔在笔记本上写字了，而跟你换笔记本的同学也有笔记本可用了。这就是交换带来的好处。你的这种交换方式属于物物交换。

现代社会每一种物品的生产还往往被分成几个单独的工序，不同的人完成不同的工序，人们在流水线上工作。这就是劳动分工。例如，在现代毛纺织厂，就有精梳、并条、粗纱、细纱、筒子、合纱、捻纱、包装等工序，人们在不同的工序上工作，劳动的分工非常精细。在超市里，有人负责进货，有人负责摆货，有人负责导购，有人负责收款，有人负责治安，这也是劳动分工。

劳动出现分工以后，人们必须相互合作才能完成物品和服务的生产。

在批量生产方式中，生产的专业化和劳动分工，提高了人们的劳动熟练程度和技术水平，从而大大提高了生产效率。

怎样比较生产效率的高低呢？用同样多的资源生产的物品和服务越多，或者生产同样多的物品和服务使用的生产资源越少，生产效率就越高。

企业和个人都要提高生产效率。生产效率提高，意味着财富增加，经济发展。提高生产效率最有效的方法是发展科学技术和改善经济制度。

再回答

1. 为什么专业化和劳动分工会提高生产效率？（提示：专业化和劳动分工提高了人们的劳动熟练程度和技术水平，从而大大提高了生产效率。）

2. 为什么生产专业化后人们必须交换并相互依赖？（提示：生产专业化后，人们只生产一种或几种物品或服务，人们必须交换才能满足自己对物品和服务的需求，人们必须相互依赖才能生存和发展。）

3. 为什么劳动分工后人们必须相互合作才能完成物品或服务的生产？（提示：劳动分工以后，物品或服务的生产被分成几个单独的工序，不同的人完成不同的工序，所以人们必须相互合作才能完成物品和服务的生产。）

4. 同学朋友之间经常交换东西，比如你用一块橡皮换同学的一支铅笔。这种交换和去超市购物有什么不同？

你认为是否从交换中获得了好处？（提示：这是一种物物交换，就是用一种东西换另外一种东西。它与去超市购物的不同之处在于：物物交换不用金钱，而去超市购物要用金钱去交换。只要交换是自愿的，交换的双方都会从交换中得到好处。）

做活动

1．去超市购物时注意观察哪些人在摆放物品，哪些人在导购，哪些人在收款，哪些人在负责治安，了解他们的劳动分工，说说这样分工的好处。

2．由家长或者老师带领，去当地一家纺织厂、钢铁厂或其他工厂参观，了解物品是怎样生产出来的，注意观察工人是怎样分工的，思考劳动分工的好处以及为什么必须相互合作才能完成物品或服务的生产。

拓 展

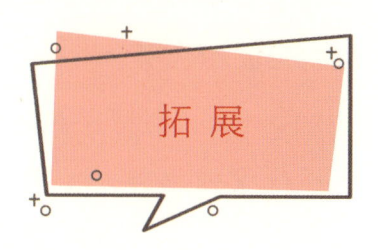

福特汽车是通过劳动分工，把汽车的生产从低效率的单件生产发展到高效率的批量生产的典型。

在20世纪初，世界各国的汽车工业完全是手工作坊型的，三两个人合伙，买一台引擎，设计个传动箱，配上轮子、刹车、座位，装配一辆卖一辆，每辆车都是一个不同的型号。每装配一辆汽车要728个人工小时。由于启动资金要求少，生产也很简单，每年都有几十家新开张的汽车作坊进入汽车制造业，大多数的存活期不过一年。汽车装配时间很长，成本非常高，所以当时的轿车是富人的专利，是地位的象征，一般人根本买不起。

美国人福特在这种情况下加入了汽车制造行业。他有一个梦想，那就是让普通工人也能买得起小汽车，把这种便捷的交通工具变成每个人都买得起的东西。而要做到这点，就必须大规模降低汽车制造的成本，提高汽车生产的效率。但在手工作坊的生产方式下，这几乎是不可能完成的任务。

有一天，福特接触到经济学家泰勒的科学管理理论，他突然受到启发：如果按照汽车制造的程序把工人分成好几批，一批工厂只做其中一道工序，另一批工人接着做下一道工序，这样不就可以提高效率、增加汽车的产量吗？

就这样，福特天才式地发明了流水线的生产方式。他让人事先设计出一种汽车型号的生产标准，将整部汽车每一个部件的生产，都放在一个屋檐下、按同一种标准进行，最后由专门的工人完成汽车的组装。这样，汽车生产的效率得到了大幅度提高。原来一辆汽车的生产组装需要728个人工小时，经过努力，他先是把时间缩短到了12.5个人工小时，而后惊人地缩短为每分钟生产一辆车，最后缩短为每十秒钟就生产出来一辆车。

伴随流水线的批量生产而来的，是汽车价格的急剧下降。T型车在1910年销售价为780美元，1911年降到690美元，然后降到600美元、500美元，1914年降到每辆360美元。低廉的价格为福特赢得了大批的平民用户，小轿车第一次成为大众的交通工具。福特高兴地说：

"汽车的价格每下降一美元,就为我们多争取来一千名顾客。"

福特创立的流水线作业体系,奠定了现代大工业管理组织方式的基础。这种最早应用于汽车工业的组织生产方式很快就扩散到其他产业,在 20 世纪五六十年代创造了现代工业的"黄金时代"。

概念释义

单件生产：生产者在生产过程中完成全部生产环节，因而只能生产少量物品的生产方式。单件生产的特点是，单件产品花费的时间比较长，生产效率比较低。

批量生产：在生产专业化和劳动分工出现以后，人们在流水线上工作，不同的人生产物品的不同部分，从而大批量地生产物品的生产方式。在这种生产方式下，不仅整个社会的生产已经专业化，而且每一种物品的生产过程中的劳动有了分工，生产效率大大提高。

生产效率：衡量人们在一段时间内生产多少物品和服务的尺度，通常用一个小时的产出量来衡量。用同样多的资源生产的物品或服务越多，或者生产同样多的物品或服务使用的资源越少，生产效率就越高。

专业化：在现代社会中人们专门生产一种或者几种物品或服务的生产方式。例如，有人做医生，有人做教师，有人做编辑。当生产专业化后，人们必须通过交换才能获取自己需要的物品和服务，人们变得相互依赖。

劳动分工：一种物品或服务的生产被分成很多单独的任务，由不同的人完成不同的任务的生产方式。劳动分工是一种专业化，是一种更加精细的专业化。例如在超市中，有人负责进货，有人负责摆货，有人负责导购，有人负责收款，这就是劳动分工。劳动分工出现以后，人们必须相互合作才能完成物品或服务的生产。

相互依赖：人们需要的物品或者服务需要其他人供给的情形。专业化程度越高，人们就越相互依赖。

交换：用某些物品或服务去换取另外的物品或服务，或者去换取金钱。

物物交换：不使用货币的交换，比如农民用自己生产的粮食去铁匠那里换取自己生产所需要的农具。在货币产生以前，所有的交换全部是物物交换。

6. 爸爸妈妈的工作

> 读故事

佳佳和明明读三年级了,他们是好朋友。每星期五下午,老师给他们上作文课。

这天又是星期五下午了。这次老师布置的作文题目是:爸爸妈妈的工作。老师要求同学们回家了解爸爸妈妈的工作状况,包括爸爸妈妈做什么工作、做这样的工作需要什么样的技能以及这些技能是怎么得来的,并据此写一篇作文,下星期一到校后交上。

两位小朋友回家后按老师的要求,各自询问了爸爸妈妈的工作情况,并写了作文。

佳佳的爸爸在广播电台做电子工程师。他的工作是发射广播信号。

我们打开收音机会收到广播节目。那么,广播节目是怎么来的呢?电台的记者编辑制作了节目后,通过播出部门将广播信号传送到发射台,再由发射台发射出去。收音机是一个接收器。当我们打开收音机时,收音机就会接收广播信号,于是我们就听到了广播节目。佳佳的爸爸就是发射广播信号的技术人员。

佳佳爸爸除了发射信号,还要负责监听广播节目,一旦发现信号发射出现故障,就会立即采取紧急措施。如果用作发射信号的机器设备出现障碍,他们还要负责维修。

做电子工程师要具备很多电子专业方面的知识,以及比较强的动手能力。当年佳佳爸爸在大学读的是电子工程专业,对电子知识进行了四年的系统学习,并参加了

很多实习活动，培养了动手能力。大学毕业后，他去广播电台做了一名电子工程师。

佳佳的妈妈在一所中学当语文教师，给中学生讲授汉语语言和文学，提高他们的语言应用能力和文学欣赏水平。

上午9点钟，佳佳妈妈的语文课开始了。她生动地给同学们讲了一篇课文，回答了同学们的问题，布置了当天的作业。下课后，她回到办公室继续工作。她有时批作业，有时改作文，有时处理一些与教学有关的问题。如果在单位工作做不完，她回家后还要加班。

尽管当教师非常辛苦，佳佳妈妈却非常自豪。她培养出了很多学生，有的做了教授，有的当了医生，有的当了科学家、工程师。每到寒假或者暑假，都会有不少已经从她的学校里毕业的学生来看望她。

当然，并不是谁都可以当教师的。做中学语文教师要有丰富扎实的语言和文学知识，要懂教学技巧，还要有比较强的语言表达能力。当年佳佳妈妈在师范大学中文系学习了四年，不仅系统学习了汉语语言文学，而且学习了教育学方面的知识。在学习过程中，她还不断寻找实习机会，锻炼自己的口头表达能力和实际工作能力。毕业后，她到现在的中学工作，通过了教师资格考试后成了一名中学语文教师。

明明的爸爸妈妈是城市郊区的农民。他们承包了100公顷农田，主要种植玉米、大豆等农作物。

每到春暖花开的时候，明明的爸爸妈妈就开始在自家的地里忙活开了。

他们先是耕地，用拖拉机拉着犁铧将土地翻耕一遍，然后整平、筑畦，等待播种时机。耕地时要施一层底肥，一般是有机肥，有时也施一些化肥。只有肥料充足，庄稼才会

长得好。

种子只有在一定温度和湿度条件下才会发芽,所以选择播种时机是很重要的。待到天气比较温暖,土壤比较湿润时,明明爸爸妈妈就开始用播种机播种了。

播种完毕后,过一段时间,种子会发出嫩嫩的小芽。

随后不久,夏天到了,天气变得炎热,降雨增加——这是庄稼生长最快的季节。在这个季节,明明的爸爸妈妈需要做很多田间管理工作。要想使庄稼长得更好,就需要给庄稼追肥;如果天气干旱,就需要给庄稼浇水;如果田间长出杂草,就需要给庄稼除草;如果土壤硬化,就需要给庄稼松土。

在明明爸爸妈妈的精心呵护下,他们的庄稼茁壮成长,长出了丰富的果实。到了秋天,他们获得了大丰收。他们使用收割机收割玉米、大豆,然后晒干储存。除了留下一少部分自己食用，绝大部分粮食被卖掉，换回钱来，用来维持日常生活消费，以及购买下一年生产使用的种子、化肥、农业机械等。

爸爸妈妈告诉明明，要想种好庄稼并不是件容易的事情，需要懂农业技术，还要有农业工作经验，付出辛勤的劳动。当年爸爸妈妈初中毕业后去了农业学校，学习了农业技术知识。毕业后，他们虚心向爷爷奶奶等老农民学习，结合所学知识，不断探索和实践，最后成为农村中的种粮大户。

星期一到了，佳佳和明明交上了自己写的作文，受到了老师的表扬。

1. 佳佳爸爸做什么工作？（提示：佳佳的爸爸在广播电台做电子工程师，发射广播信号。）

2. 做电子工程师需要懂得什么？佳佳的爸爸是怎样懂

得这些事情的?(提示:做电子工程师要懂得很多电子专业方面的知识,还要有比较强的动手能力。佳佳的爸爸在大学里对电子知识进行了系统的学习,并参加了很多实习活动,培养了动手能力。)

3.佳佳妈妈做什么工作?(提示:佳佳的妈妈在一所中学当语文教师,给中学生讲授汉语语言和文学,提高他们的语言应用能力和文学欣赏水平。)

4.做中学语文教师需要懂得什么?佳佳的妈妈是怎样懂得这些事情的?(提示:做中学语文教师要有丰富扎实的语言和文学知识,要懂教学技巧,还要有比较强的语言表达能力。佳佳的妈妈在师范大学中文系学习了四年,不仅系统学习了汉语语言文学,而且学习了教育学方面的知识;在学习过程中,她还不断寻找实习机会,锻炼自己的口头表达能力和实际工作能力。)

5.明明的爸爸妈妈做什么工作?(提示:明明的爸爸妈妈是城市郊区的农民。他们承包了100公顷农田,主要种植玉米、大豆等农作物。)

6.做农民需要懂得什么?明明的爸爸妈妈是怎样懂得这些事情的?(提示:做农民需要懂农业技术,还要有农业工作经验。明明的爸爸妈妈初中毕业后去了农业学校,学习了农业技术知识。毕业后,他们虚心向爷爷奶奶等老农民学习,结合所学知识,不断探索和实践,最后成为农村中的种粮大户。)

学经济

每个小朋友都知道爸爸妈妈在工作,知道他们通过工作挣钱养家。但是,你们知道爸爸妈妈具体干什么工作吗?你们知道爸爸妈妈的工作需要什么技能吗?你们知道爸爸妈妈的工作技能是怎么来的吗?这个故事讲了佳佳和明明的爸爸妈妈的工作情况,从中我们可以学到很多经济方面的知识。

社会上绝大多数成年人在工作。工作既消耗人的体力,也消耗人的脑力。在工作中,人们使用肌肉让身体动来动去而付出的劳动,被称为体力劳动;为了工作不出差错以及创造出更好的物品和服务,人们使用大脑思考而付出的劳动被称为脑力劳动。

工作中以体力劳动为主的人被称为体力劳动者，工作中以脑力劳动为主的人被称为脑力劳动者。佳佳的爸爸在广播电台做电子工程师，妈妈在中学做教师，他们付出的主要是脑力劳动，所以属于脑力劳动者；明明的爸爸妈妈当农民付出的主要是体力劳动，所以属于体力劳动者。

像佳佳和明明的父母那样从事脑力和体力劳动的人，被经济学称为人力资源。人力资源是经济活动中非常重要的资源，它与自然资源、资本资源结合在一起，能够创造出人们需要的物品或服务。在知识经济到来的今天，人力资源越来越重要了。

人们工作必需的特殊技能和天赋被称为人力资本。不同职业的劳动者需要具备的人力资本是不同的。故事中佳佳爸爸做电子工程师，需要懂得很多电子专业方面的知识，以及具备比较强的动手能力；佳佳的妈妈做中学语文教师，要有丰富扎实的语言和文学知识，要懂教学技巧，还要有比较强的口头表达能力；明明的爸爸妈妈做农民，需要懂农业技术，还要有农业工作经验。

尽管不同工作需要的人力资本千差万别，但是，人力资本的来源却是相同的。人力资本包括天赋和技能。天赋也叫天资，是天生的、无法改变的，但是人们可以通过学习和实践这两条途径来提高自己的技能。故事中佳佳的爸爸做电子工程师的技能，一方面来自大学四年的专业学习，另一方来自实践活动；佳佳的妈妈做中学语文教师的技能，一方面来自师范大学四年的专业学习，另一方面来自实践活动；明明的爸爸妈妈做农民需要的技能，一是来自农业学校的专业学习，另一方面来自爷爷奶奶的经验以及实践活动。

小朋友今天坐在教室里学习科学文化并参加实践活动，就是为了增长你们的知识和才干，提高你们的工作技能，为长大后干好工作做准备。一句话，小朋友们上学就是为了提高你们的人力资本。

所有的劳动者都是人力资源，但是每个劳动者拥有的人力资本是不同的，那些天赋好、受教育多、参加实践活动多的劳动者人力资本就多。

在今天，人们一般只专门生产一种或者几种物品或者服务，这叫专业化。故事中佳佳的爸爸专门做发射广播信号的工作，妈妈专门从事中学语文教学工作，明明的爸爸妈妈专门种地，这就是专业化。佳佳的爸爸发射广播信号，妈妈教书育人，给人们提供的是服务；明明的爸爸妈妈生产粮食，给人们提供的是物品。

再回答

1. 小朋友，你们的爸爸妈妈做什么工作？（提示：社会上的职业很多，小朋友们的答案不会相同。例如，有的做工人，有的做农民，有的做服务员，有的做教师，有的做研究员，有的做工程师，有的做编辑记者，有的做公务员，有的做经理，等等。）

2. 你们的爸爸妈妈属于体力劳动者还是脑力劳动者？（提示：如果你们的爸爸妈妈是工人、农民或者服务员，那么他们的劳动以体力劳动为主，他们属于体力劳动者；如果你们的爸爸妈妈是教师、研究员、工程师、编辑记者、公务员或经理，那么他们的劳动以脑力劳动为主，他们属于脑力劳动者。）

3. 你们的爸爸妈妈的工作需要什么人力资本？（提示：工人的工作需要强壮的身体、必要的技能和经验；农民的工作需要强壮的身体、农业技术和经验；服务员的工作需要良好的仪态以及和蔼、细致、耐心的工作态度；教师的工作需要专业知识、教学技巧和比较好的口才；研究员的工作需要高深的专业知识以及良好的写作能力；编辑记者需要较好的口才和写作能力以及比较强的社会活动能力；公务员需要比较强的社会活动能力、较好的口才和专业知识，还要懂国家政策；经理需要了解市场行情，会经营，懂管理。）

4．你们的爸爸妈妈的工作需要的人力资本是从哪里来的？（提示：人力资本包括天赋和特殊技能。天赋也叫天资，是天生的，人们无法改变它。但是人们可以通过学习和实践两条途径来提高特殊技能。）

5．小朋友，你们打算怎样提高自己的人力资本？（提示：人们无法改变自己的天赋，只能通过学习和实践来提高自己的特殊技能。要想提高自己的人力资本，小朋友应该努力学习科学文化知识，多参加实践活动。）

6．请通过你爸爸妈妈的工作说明什么是专业化。（提示：例如，如果你爸爸是公务员，他就是专门给人们提供公共服务的；如果你妈妈是医生，她就是专门给人们提供医疗服务的。这就是专业化。）

7．你们的爸爸妈妈在做家务时有劳动分工吗？（提示：也许有，也许没有。如果有，爸爸妈妈可能会这样分工：爸爸负责打扫卫生，妈妈负责做饭；妈妈负责做饭，爸爸负责洗碗；做饭时爸爸负责洗菜，妈妈负责炒菜。）

8. 你是否参与了家务劳动分工？如果参与了，你负责什么？（提示：不同的人会有不同的答案。）

9. 小朋友，你长大后想做什么工作？现在应该怎样为长大后做好这些工作做准备？（提示：每个人想做的工作是不同的。要想长大后做好这些工作，现在必须努力学习，多参加实践活动，增长知识和才干，提高你们的人力资本。）

做活动

在每一个小朋友的周围都有不同的劳动者，例如教师、门卫、物业管理人员、医生、警察等。

（1）请分析他们是脑力劳动者还是体力劳动者。

（2）请你做一个调查，了解他们的工作需要什么技能，以及这些技能是怎么来的。

拓 展

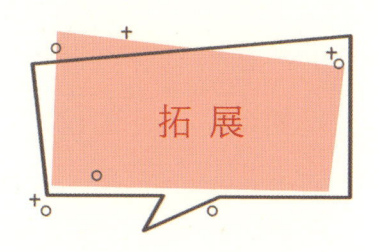

在一般人眼里，许多名人的第一份工作并不好，甚至非常差。但是，就是这些"非常差"的工作锻炼了他们，让他们积累了丰富的工作经验，为他们日后的成功打下了基础。由此可见，实践活动对于人们提高技能、积累人力资本是多么重要。

1. 坎普贝尔索普电子公司总裁戴尔·莫里森

戴尔10岁的时候在北达科他州米尔顿区有了第一份工作——利用课外时间负责给当地200位居民投送《大法克斯先驱论坛报》。

他从不把报纸扔在他们房前的草坪上就了事。他特别小心，以免引起客户的不满。他挨家挨户地敲门，跟他们打招呼，问他们好。之后他才把报纸亲自交到他们手上。

跟客户保持接触和提供优良的服务是获取事业成功的关键。在布鲁塞尔刚刚开过的一次会议上，他问他的那些常驻欧洲的经理们，他们最近一次走访销售公司产品的零售商是什么时候。答案五花八门：有的说是在一个星期以前，有的说已经过了半年的时间了，有的则说刚刚走访过。

他认为，如果不同客户见面，经理们不可能为客户提供满意而高效的服务。这一点实在是太重要了。所以他不仅经常光顾世界各地的超级市场，而且还把收集到的有关顾客的抱怨（当然也有赞扬）列表造册分发到公司各个部门。他还对客户打来的电话进行录音，好让公司的高级主管在开车上下班的路上能抽空了解客户的意见。在生意场上，没有什么比听取顾客的意见更为重要的了。

正如他的雇员都知道的那样，他对为顾客提供周到的服务充满激情。这种激情源自他10岁时，利用课外时间给北达科他州米尔顿地区的居民投递报纸的工作经历，是实践活动培养了他的这种素养。

2. 联想集团总裁杨元庆

李明军的《联想少帅杨元庆》（中国商业出版社）记录了联想集团总裁杨元庆的第一份工作。

联想电脑是大家都比较熟悉的电脑品牌了。可是你知道吗？联想集团总裁杨元庆的第一份工作竟然是骑着自行车卖电子产品!

1988年,24岁的杨元庆正在中科院自动化所做论文。他把当时的人生目标定为到美国拿一个博士学位。为了在出国前找一个跳板,杨元庆决定先在中关村找一个单位。当时恰逢联想第一次大规模面向社会招收高层次的人才,他便什么都没准备就跑来了。经过初试、复试,他被正式录取,却没想到自己被分到公司做销售,卖电子产品。

他开始骑着一辆破自行车四处转,推销产品。当时,联想还没有自己的产品,主要是替别人做代理。他的电话被客户摔过,也经常站在客户的门口一等就是半天。没想到,这份临时性工作让他得到了全面的锻炼。他接待客户,开票收款,焊接网线,出差去用户那里一点一点调试机器,跑来跑去做售后服务,学了七年的计算机专业课程用得很少。可是,他因此学会了那个时代中国企业家最缺少的一种东西:做市场。

市场意识是企业家最重要的素质。杨元庆凭着过硬的专业知识和超前的市场意识,最终成为联想集团总裁。这说明了实践活动对于人力资本的形成是多么重要。

3.著名文学家、教育家叶圣陶

叶圣陶是著名的现实主义作家和教育家，他的第一份工作是在一个小学当教员。

1915年秋，叶先生到上海商务印书馆附设的尚公学校教"国文"，并为商务印书馆编小学"国文"课本。1917年他又应聘到江苏吴县（该县今已撤销）县立第五高等小学任教。

多年的教育工作经验为叶先生后来的文学创作奠定了坚实的生活基础。在他的早期作品中，有很多人物是底层的教育工作者。这些人物都来自叶先生从事教育工作时对周围人和事的观察和体验。这段教师的工作经历，也使叶先生对儿童的阅读趣味有了很深的了解。他在此基础上创作了一大批深受小朋友喜爱的儿童文学作品。

概念释义

体力劳动：在工作中，人们使用肌肉让身体动来动去而付出的劳动。

脑力劳动：为了工作中不出差错以及创造出更多更好的产品和服务，人们使用大脑思考而付出的劳动。

体力劳动者：工作中付出的劳动以体力劳动为主的人。

脑力劳动者：工作中付出的劳动以脑力劳动为主的人。

人力资本：人们拥有的特殊的技能和天赋。天赋也叫天资，是天生的，无法改变的，但是人们可以通过学习和实践这两条途径来提高自己的技能。人们从事的工作不同，需要具备的人力资本也不同。

7. 一条红丝巾

> 读故事

再过一个月，就是妈妈的生日了。

以前妈妈过生日时，浩然都是亲自制作礼物送给妈妈。他有时候画一幅画，有时候制作一个手工艺品。

妈妈非常喜欢儿子亲自制作的礼物。她说，浩然制作的礼物是最棒的。她认为，浩然亲自给父母制作礼物，表明了他是多么爱父母。她把浩然送的画挂在家里的墙上，来了朋友还领着他们参观，总是骄傲地对他们说："这些画是我儿子给我画的！"她把浩然送的手工艺品锁到一个抽屉里，像宝贝一样珍藏着。

爸爸也非常喜欢浩然亲自做的礼物。他对浩然说："亲自制作礼物是我们家的传统。爸爸小的时候也经常亲自制作礼物送给你的爷爷奶奶。"

但是，浩然已经厌倦了亲自制作礼物。他想：我过生日的时候，爸爸给我买礼物，妈妈给我买礼物，为什么我就不能给他们买礼物呢？他认为，买的礼物比亲手做的礼物更好。

他决定，这次给妈妈过生日，一定给妈妈买一个礼物。

一天，浩然放学后去了超级市场。在那里，他发现了一种红丝巾，非常漂亮。妈妈最近刚买了一件漂亮的白色上衣。浩然想：白色的上衣配上这样的红丝巾，一定非常好看。他非常喜欢这种红丝巾，决定买一条送给妈做生日礼物。浩然看了看丝巾的标签，上面清楚地标着价格：40元。

40元对浩然来说是很大一笔钱。他现在手头没有这笔钱。

本来，过年的时候，爷爷奶奶、姥姥姥爷还有爸爸妈妈给了浩然一些压岁钱。可是，这些钱都被浩然花掉了：有

的用来买了铅笔、橡皮等学习用具,有的用来买了冰激凌,还有的用来买了电影票。

浩然家里谈不上很富有,但是钱也够花。问题是,如果向爸爸妈妈要,他们肯定不给,因为他们主张浩然亲自制作礼物。

钱从哪里来?浩然苦苦思考着。

这天,老师给班里上音乐课,浩然学了《卖报歌》。"啦啦啦!啦啦啦!我是卖报的小行家,不等天明去卖报,一面走,一面叫,今天的新闻真正好,七个铜板就买两份报……"回家的路上,浩然一边走一边唱。唱着唱着,他突然一拍脑袋:有办法了!我可以卖报赚钱,给妈妈买生日礼物!

浩然放学后没有直接回家,而是去了本市的晚报发行站。晚报发行站离家不远,走五分钟就到。批发晚报不用交订金,只要将身份证或者学生证作

抵押就可以拿到报纸，而且，当天的报纸如果卖不完，第二天还可以拿回发行站退掉。也就是说，卖报纸不需要资金投入，没有经营风险。

浩然由于年龄小，还没有自己的身份证，但是，他有学生证。他将学生证抵押给晚报发行站，拿到了20份报纸。每份报纸零售价是5角，交给发行站3角，自己能留2角。

浩然拿着晚报，到了人比较多的繁华街道，20份报纸很快卖完了，共卖得10元钱，扣掉交给发行站的6元，自己剩下4元。

他把卖报赚的钱放到自己的钱罐里。这个钱罐样子像只小猪，非常可爱，是爸爸春节时送给浩然的礼物。爸爸说："有了钱可以放到钱罐里，积少成多，就可以买到你需要的贵重一些的东西。"

爸爸妈妈发现浩然回家比以前晚了许多，非常奇怪，就问道："浩然，你下午放学后干什么去了？"浩然没有将自己的秘密告诉他们，而是神秘地一笑，说："今天下午我去同学家做作业了。最近几天，我每天都要去同学家，回家晚一些。请爸爸妈妈不要为我担心。"第二天下午放学后，浩然又去了晚报发行站。他又从发行站拿了20份晚报，很快又卖完了。

就这样，浩然每天放学后卖报纸，每天赚4元钱。10天过去了，浩然在钱罐里共存了40元钱。他打开钱罐，把钱数了一遍又一遍。40元！整整40元！

"我可以买漂亮的红丝巾了！"浩然高兴地跳了起来。

他拿着这40元钱，一口气跑到那家超级市场，发现漂亮的红丝巾还摆放在那里呢！

他买下了一条红丝巾，将它叠得整整齐齐，放到书包里。回家后，他悄悄地把红丝巾放到自己书桌的抽屉里。

妈妈的生日到了。这天，浩然放学回家后发现，爸爸已经买了生日蛋糕。爸爸打开蛋糕，点上蜡烛。妈妈身穿那件白上衣，坐在饭桌旁，正等着浩然回家。看见浩然，妈妈站起来招呼说："儿子，快过来，帮妈妈一起吹蜡烛！"

浩然跑到自己的房间，拿出红丝巾，帮妈妈戴到脖子上，说："祝妈妈生日快乐！"白色的上衣配上红色的丝巾，妈妈更加漂亮了，就像电影明星一样。

看见红丝巾，妈妈先是一怔，然后拥抱着浩然，问道："宝贝，哪来的丝巾？"

"我买的呀！"

"钱从哪里来的？"

当知道钱是儿子卖报赚来的时，妈妈把浩然抱得更紧了。她眼里含着泪花，说："你真是我的好儿子！"

这时爸爸放起了《祝你生日快乐》的歌曲，优美的音乐在饭厅里回响。烛光照在妈妈的脸上，妈妈的脸上泛出幸福的红晕。

面对着点燃的蜡烛，妈妈在心里默默许了一个愿。然后，浩然帮妈妈一起吹灭了蜡烛。爸爸切开蛋糕，大家一起吃着，欢笑着……

请回答

1. 为什么浩然的妈妈喜欢浩然亲自制作的礼物？（提示：因为她认为，浩然亲自给父母制作礼物，表明了他是多么爱父母。）

2. 为什么浩然不愿再像以往那样制作一件生日礼物而是想买一件生日礼物送给妈妈？（提示：因为他认为，买的礼物比亲手制作的礼物更好。）

3. 浩然买了什么送给妈妈做生日礼物？（提示：一条红丝巾。）

4. 红丝巾的价格是多少？（提示：40元。）

5. 浩然在哪里买到的红丝巾？（提示：超级市场。）

6. 浩然买丝巾的钱是怎么来的？（提示：是通过卖晚报赚来的。）

7. 浩然卖报共赚了多少钱？（提示：40元。）

8. 浩然把卖报赚的钱存在哪里？（提示：存在钱罐里。）

学经济

  这是一个向母亲表达爱的故事，也是一个关于如何赚钱、存钱和花钱的故事，包含着丰富的经济知识。

  在我们的生活中，爱是人间最美好、最重要的东西，但是金钱也是很重要的。故事中的浩然想给妈妈买条红丝巾做礼物，以便向妈妈表达自己深深的爱，可是自己手里没有钱。他是怎么办的呢？他通过自己的劳动——卖报纸赚够了这笔钱。

  赚钱是大人常常挂在嘴边的一个词。赚钱的方式有很多种。

  通过劳动赚来的工资、奖金等，被称为劳动收入。浩然卖报10天，赚了40元钱，这40元钱就是浩然的劳动收入。

除了通过劳动赚钱，人们还可以把钱借给别人获得利息，把房子租给别人获得租金，也可以通过生产经营活动赚取收入。利息和租金被称为财产收入，通过生产经营赚的钱被称为经营性收入。一个人赠予另外一个人的金钱或财物，被称为转移性收入。爸爸妈妈给的零花钱和爷爷奶奶给的压岁钱就属于转移性收入，爷爷奶奶领的养老金也属于转移性收入。

人们购买物品和服务所花的钱，又叫货币。在历史上，贝壳、铜钱、金、银、纸币都充当过货币。

目前我们使用的货币，除了纸币外，还有银行卡等电子货币。我们经常使用的电话卡、购物卡、乘车卡也属于电子货币。当你看到爸爸妈妈用一个小小的卡片就能乘坐地铁时，你可能会感到奇怪。其实，这个小小的卡片是电子货币，爸爸妈妈早已在地铁站通过电子技术手段，把钱存到了这个卡片里。当爸爸妈妈用它来乘车时，里面的钱在减少呢！

当你看到爸爸妈妈用微信或者支付宝付款购物时，你可能以为微信和支付宝付也是电子货币。实际上微信或者支付宝只是一种支付手段，它们不属于电子货币。

微信账号或者支付宝账号必须与银行卡（电子货币）绑定时才能用来付款。

不同国家或者经济体使用不同的货币。我国内地的法定流通货币是人民币。目前的人民币面值有100元、50元、20元、10元、5元、1元、5角、2角、1角、5分、2分、1分等。10分等于1角，10角等于1元。

美国的货币叫美元，加拿大的货币叫加元，日本的货币叫日元，韩国的货币叫韩元。也有许多国家使用同一种货币的，比如，除英国以外的欧盟国家使用欧元作为本国货币。不同的货币之间可以按照一定的汇率进行兑换，很多银行都能办理这种兑换业务。如果你和家人去境外旅游，或者你去境外学习、工作，就需要用人民币兑换一些当地的货币，以便在境外购物、住宿或者支付学费。

人们把没有花完的钱储存起来留着以后用，叫储蓄，也就是我们通常所说的存钱。一般说来，成年人通常将钱存在银行里。把钱存到银行里比放在家里更安全，而且可以得到利息。

银行是经营货币的企业。它的主要业务就是向个人和企业吸收存款，以及向企业和个人发放贷款。如果你把钱存到银行里，选一个存期——你可以选择活期或者定期，定期期限有三个月、半年、一年、二年、三年、五年等——银行会给你一个储蓄卡或存折。比如，如果你把100元压岁钱存到银行，并选择了一年存期，一年以后你去银行取钱，就会发现你的卡里会多出几块钱。这几块钱就是银行给你的利息。

银行给我们保管着钱，为什么还会送给我们利息呢？原来，银行是经营货币的企业。它面向个人或者企业吸收存款，向储户发放利息——这被称为存款利息；然后，银行把存款借给企业或者个人，收取他们的利息——这被称为贷款利息。贷款利息比存款利息要高，所以银行可以从中赚钱。

在这个故事里，浩然卖报每天赚4元钱，他把每天赚的钱放到钱罐里存起来，也是一种储蓄方式，只是这种储蓄是没有利息的。

储蓄的人在心中通常是有目标的。如果你想攒钱买一件物品，物品的价格就是你的储蓄目标。一般说来，两年以内要达到的目标叫短期目标。浩然要存40元钱，购买红丝巾送给妈妈做生日礼物，40元就是浩然的储蓄目标。他要在一个月内达到目标，所以他的储蓄目标属于短期目标。

在市场经济条件下，人们一般使用金钱购买物品和服务。人们购买物品或者服务的地方叫市场，例如，浩然购买红丝巾的超级市场就是一种市场。

我们在市场上购买某种物品或服务而付出的金钱的数量，或者人们卖出某种物品或服务所得到的金钱的数量，叫价格。浩然购买红丝巾要花40元钱，40元就是红丝巾的价格。

大家想想：为什么红丝巾有价格，而空气、阳光、海水等没有价格？其实原因很简单：价格产生的根源在于稀缺，不稀缺的东西没有价格。空气、阳光、海水等不稀缺，人们可以免费使用它们，所以它们没有价格。而红丝巾是稀缺的，人们不能免费获得它，所以它有价格。

在自由市场中，价格的高低是稀缺的程度的表现。它是由物品或服务的供给和需求共同决定的：物品或服务的供给越大，需求越小，它的价格就越低；物品或服务的供给越小，需求越大，它的价格就越高。供求关系发生变化，物品或服务的价格也会发生变化：当供给增加而需求不变或下降时，价格就会下降；当需求增加而供给不变或下降时，价格就会上升。例如，当一个地区在冬天受到暴风雪袭击时，因为交通受阻，蔬菜、肉类供应困难，在短期内供给下降而需求未变，蔬菜、肉类价格会上升。

我们用钱购买物品或服务的行为叫消费，购买物品或服务的人叫消费者。浩然花费40元钱购买红丝巾的行为就是消费，浩然就是消费者。与消费者对应的是生产者。生产者就是生产物品或者提供服务的人。

这个故事中还包含着关于激励的经济知识。激励就是鼓励人们做出好的选择的东西。是什么激励着浩然去卖报？通过卖报可以赚钱，有了钱就可以买漂亮的红丝巾送给妈妈做生日礼物。像浩然这样做出某种事情能得到好处和奖励，这种激励属于正面激励。如果做出某种行为会得到惩罚，这种激励属于负面激励。例如，爸爸说："做不完作业不允许出去踢球！"这样的激励就属于负面激励。

再回答

1. 人们为什么要存钱？（提示：人们赚钱以后一般会花掉一部分，将另外一部分存起来以后花费。）

2. 你有存钱目标吗？（提示：有的小朋友可能有存钱目标，有的小朋友可能没有存钱目标。）

3. 你的存钱目标是存多少？（提示：不同的人会有不同的答案。）

4. 你打算通过什么途径来达到自己的存钱目标？（提示：有的小朋友可能打算将爷爷奶奶给的压岁钱存起来，或者将爸爸妈妈给的零花钱存起来，也可能有的小朋友打算像浩然那样通过自己的劳动赚钱。）

5. 达到你的存钱目标需要多长时间？（提示：不同的人会有不同的答案。）

6. 爸爸妈妈过生日时你准备送给他们什么礼物？是亲手制作礼物还是花钱买礼物？（提示：不同的人会有不同的答案。）

7. 如果你想买一件礼物送给爸爸妈妈做生日礼物，需要多少钱？（提示：不同的物品有不同的价格，需要钱的数量是不一样的。）

8. 你打算怎样搞到足够的钱买礼物？（提示：将爸爸妈妈给的零花钱或爷爷奶奶给的压岁钱存起来，或者像浩然一样通过力所能及的劳动赚钱。）

9. 用公交卡乘车需要花钱吗？（提示：一样需要花钱。公交卡是一种电子货币，当你用来乘车时，公交卡里的钱会减少。）

10. 当一个地区在夏天受到热浪袭击时，你认为西瓜、空调等解暑降温类物品的价格在短期内会怎样变动？（提示：受热浪袭击的地方西瓜、空调等解暑降温类物品需求增加，在短期内供给没变，西瓜、空调价格会上升。）

做活动

1. 给爸爸妈妈买一件生日礼物。如果你的钱不够，尝试着通过自己的劳动赚钱。

2. 跟爸爸妈妈去银行把你的压岁钱或零花钱存到银行里，办一个储蓄卡，期限可以选择半年定期。过上半年时间后，去银行查一下你的银行卡里是否增加了利息，想一想银行为什么会给你利息。

3. 去超市或商店买些物品，体会什么是消费和消费者，了解什么是市场、价格、金钱等。

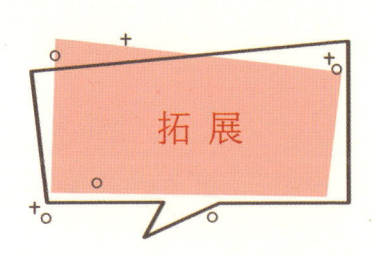

拓展

迪士尼乐园的创始人沃尔特·伊利斯·迪士尼，是通过储蓄获取事业发展的第一桶金的。1917年，不满17岁的沃尔特，隐瞒年龄报名参军。在芝加哥集训时，他因患感冒未能上战场，直到1918年大战结束才被派往法国。在部队里，每月津贴很少，沃尔特便开始想办法赚钱。他在营房里画招贴画，每周部队多付给他15法郎。

后来，一个叫"乡巴佬"的战友发现，刚到法国的新兵既害怕战争，又想买些带火药味的纪念品作为回国炫耀的资本。"乡巴佬"就投其所好，向新兵兜售他们最喜欢的德国狙击手钢盔。但前线的德国狙击手本来就不多，幸存者都逃回国了。正苦于货源不畅时，"乡巴佬"发现了能在许多人衣服上画假十字勋章的沃尔特。他对沃尔特说："你给我画一个狙击手头盔，我给你5法郎。"

他们开始了合作。"乡巴佬"每星期开车上前线拉一车德军钢盔回来，沃尔特用速干油漆画上狙击手头盔标志，然后抹上泥，再用枪打个孔，粘几根头发在孔的边缘。他们一起合作，狠赚了一笔。沃尔特把大部分钱寄回美国，让妈妈存起来。后来的这笔钱成为他创办迪士尼公司的原始资金。

由此可见，储蓄是很重要的。

概念释义

收入：人们在一定时间内获得的报酬。收入分劳动收入、财产性收入、经营性收入和转移性收入。人们通过付出劳动（包括脑力劳动和体力劳动）获得的收入叫劳动收入，如工资、奖金等；人们通过拥有动产（如银行存款、股票）和不动产（如房屋）获得的收入叫财产性收入，如利息、股息、租金、财产增值收益等；人们通过生产经营活动获得的收入叫经营性收入；人们通过其他人的赠送、赡养，或者国家、社会团体和单位的转移支付获得的金钱或财物叫转移性收入，例如压岁钱、养老金等。

市场：人们购买物品或者服务的地方。

金钱（货币）：人们用来购买物品或服务使用的东西。金钱必须稀缺、耐用、便携、可分才有效。金钱必须稀缺，不稀缺的东西，例如沙子，就不能当金钱用；金钱必须耐用，陶瓷易碎，不能用作金钱；金钱必须便于携带，牛羊不便于携带，就不能当金钱用；金钱必须可分，大象不可切分，不可用作货币。历史上，金、银、贝壳、纸币等都曾充当过金钱，现代社会还出现了银行卡等电子货币。

价格：人们购买某种物品或者服务而付出的金钱的数量，或者人们卖出某种物品或者服务所得到的金钱的数量。价格产生的根源在于稀缺，不稀缺的东西没有价格。价格的高低是由物品或者服务的供给和需求共同决定的。

储蓄：人们赚钱后，把没有花掉的那部分储存起来留着以后用。储蓄就是我们通常所说的存钱。

银行：经营货币的企业。它的主要业务是向个人和企业吸收存款，以及向企业和个人发放贷款。

利息：资金所有者把钱借出而获得的报酬。个人或者企业把钱借给银行，银行向个人或者企业支付的报酬叫存款利息；银行把钱借给企业或者个人，企业或者个人向银行支付的报酬叫贷款利息。

后 记

作为一名家长，我一直重视孩子的教育；作为一名经济学专业工作者，我一直关注着国内外的经济学教育；作为一名出版人，我认为有责任出版这样一本给孩子阅读的经济学图书。也许正是我的这三个身份促成了本书的写作与出版。

我长期致力于经济学的普及工作，将经济学讲得让孩子能听懂，并不是什么困难的事。写作这样一本给孩子读的经济学图书，最困难的，是怎样让孩子有兴趣读下去，甚至让孩子着迷。美国人发明了通过讲故事给孩子讲授经济学的方法——这的确是让孩子对经济学产生兴趣的好方法。但是，我在阅读了他们使用的故事后，发现由于文化背景的差异，他们的故事无法直接拿过来讲给中国孩子。要写这样一本书，就首先需要创作富含经济学概念的新故事。

经过几年"挖空心思"的写作，七个小故事终于创作完成，其中包含的经济学概念基本上涵盖了美国幼儿园孩子和小学生学习的基本概念。

引领性的文化，在中国推行起来很难。在众多朋友的帮助下，这本"中国人写给中国孩子的第一本经济学读物"（梁小民教授语）终于以"小书包里的经济学"为名在2009年出版。让人欣慰的是，该书出版后得到了家长朋友和教育界的普遍认可，引起了很大的社会反响，中央电视台、新华社、中国教育报等主流媒体做过很多报道，在第十九届全国书博会上，还被读者评为"金口碑好书榜"儿童读物类第一名。但是由于出版社人事变动，该书的影响力和发行量远远没有挖掘出来。

今天出版的《从小学习经济学》就是在《小书包里的经济学》的基础上修订完成的，在许多方面做了改进。这些改进我已经在《写给孩子的话》中做了说明。

好多朋友为本书的写作和出版做了贡献。我不一一列举他们的名字了，在此对他们表示衷心的感谢！最后要感谢的是我的儿子——他不仅为我写作该书提供了动力和灵感，而且为我的儿童经济学教育试验做了"志愿者"！

2019 年 7 月 18 日